U0888777

跨文化交际与英语教学融合途径研究

袁 婷 牛晓莉 黄 婧 ◎著

中国商务出版社
CHINA COMMERCE AND TRADE PRESS

图书在版编目（CIP）数据

跨文化交际与英语教学融合途径研究 / 袁婷，牛晓莉，黄婧著. -- 北京 : 中国商务出版社，2022.6
ISBN 978-7-5103-4352-0

Ⅰ. ①跨… Ⅱ. ①袁… ②牛… ③黄… Ⅲ. ①英语－教学研究－高等学校 Ⅳ. ①H319.3

中国版本图书馆CIP数据核字(2022)第138932号

跨文化交际与英语教学融合途径研究

KUAWENHUA JIAOJI YU YINGYU JIAOXUE RONGHE TUJING YANJIU

袁婷　牛晓莉　黄婧　著

出　　版：中国商务出版社
地　　址：北京市东城区安外东后巷28号　　邮　编：100710
责任部门：教育事业部（010-64283818）
责任编辑：刘姝辰
直销客服：010-64283818
总 发 行：中国商务出版社发行部 （010-64208388　64515150）
网购零售：中国商务出版社淘宝店 （010-64286917）
网　　址：http://www.cctpress.com
网　　店：https://shop162373850.taobao.com
邮　　箱：347675974@qq.com
印　　刷：北京四海锦诚印刷技术有限公司
开　　本：787毫米×1092毫米　1/16
印　　张：9.75　　字　数：200千字
版　　次：2023年7月第1版　　印　次：2023年7月第1次印刷
书　　号：ISBN 978-7-5103-4352-0
定　　价：52.00元

前　言

随着经济全球化的深入发展，我国综合国力显著增强，与世界各国的经济交流、文化互动、贸易往来越来越频繁，不同文化背景的人们要想实现有效的交流，不仅仅需要语言上的沟通，还需要在了解彼此文化的基础上，实现跨文化交际能力的锻炼，跨文化交际呈现出常态化的发展趋势。为了保证学生能够获得丰富的文化知识以及实现文化交流，大学英语教学应基于文化的差异性，融合跨文化交际与英语教学，有目的、有计划地开展跨文化交际教学，着重培养学生的跨文化交际能力，使学生不仅获得了语言知识与语言技能，还能够在此基础上提升自身的跨文化意识，从而学会运用英语知识进行跨文化交际。

鉴于此，笔者撰写了《跨文化交际与英语教学融合途径研究》一书，在内容编排上共设置六章：第一章作为本书论述的基础和前提，主要阐释跨文化交际的理论认知、跨文化交际的影响因素、跨文化交际中语言与非语言交际；第二章是英语教学及其体系构建，内容涵盖英语教学理念及其特点、英语教学的策略与设计、英语教学的方法与模式构建；第三章从跨文化交际视角下英语教学改革、英语教学中的跨文化交际法体现、跨文化交际与英语教学融合的策略三方面分析跨文化交际与英语教学融合；第四、五章论述跨文化交际与英语教学融合的模式、跨文化交际与英语实际教学融合应用；第六章突出实践性，围绕跨文化交际背景下英语教师与学生培养、跨文化交际背景下英语翻转课堂教学实践、跨文化交际背景下英语微课与慕课教学实践进行研究。

全书结构科学、论述清晰，力求达到理论与实践相结合，全面地对跨文化交际背景下的英语教学改革进行分析和解读，以发展的眼光透视大学英语跨文化交际教学的路径，提出针对现实社会环境的创新教学模式与多元化实践方法，对从事跨文化交际与英语教学融合的研究学者与教育工作者有学习和参考的价值。

在撰写本书的过程中，笔者得到了许多专家学者的尽心指导与鼎力支持，在此表示真挚的谢意。由于涵盖内容较多，篇幅有限，时间仓促，以及笔者的视野局限性，尽管主观上尽了最大努力，但书中难免有疏漏之处，希望各位读者提出宝贵意见，以便笔者进一步修改，从而使本书日臻完善。

目 录

第一章　跨文化交际概论

第一节　跨文化交际的理论认知

一、语言与交际的本质要素

（一）语言的认知

在人类历史发展的过程中，语言是一直存在的一种现象，语言是人与人之间交流的一种工具，语言的发展是人类文明发展的重要体现。语言与人大脑中的思维有着密切的联系，是思维的一种工具；语言可以传达思想，使抽象的思维得以实现。正是由于语言的存在，人类与动物的界限愈加明显，人类的社会生活才能有序进行。不同的民族和国家有着不同的语言形式，但是，从语言的结构而言，语言又是有着一致性的：语言是集语音、词汇、语法为一个整体的结构体系，其中，语音是语言的物质外壳，词汇是语言构成的建筑材料，语法是语言内部结构的组成规则。由于语言区域、民族的差异性，从不同的认识视角出发来论述语言定义，可体现出其不同的研究对象和范围。

语言的定义可分为广义和狭义。从广义上而言，语言是人类用来交际、互通信息的所有的符号系统，语言本身也属于文化范畴；从狭义上而言，语言是人类用于交流、表达的重要工具，也是文化传播的重要载体。与此同时，语言也是一种符号系统，可以用来谱写人类的发展史和文化史。需要注意的是，从不同的角度可以有不同的关于语言的定义，但是，语言和文化的关系是任何定义都不可避免的。从语言的丰富内涵而言，语言作为一种社会现象，与文化有着密不可分的关系。语言是文化的一种形式，语言可以反映区域、民族的社会文化；文化需要以语言为载体进行传播，文化也可以影响语言现象的发展。

从整体上而言，语言是文化产生和发展的关键，同时又是文化存在的重要标志，语言是文化的一种形式，文化也是语言的另一种存在方式，语言和文化是相互影响、相伴发展的。文化的发展在一定程度上是依赖于语言和文字的，文化的产生离不开语言和文字的运用；文化的发展也是受语言和文字的发展影响的；文化的永存不朽也是得益于文字的记录功能和语言的蕴含作用。此外，语言和文字具有很大的包容性：物质文化、制度文化、精神文化，人类所有的生产、创造、教育等文化活动要靠语言记录、表达；语言可以以文字的形式被记录下来，具有历史的永久性和稳固性，语言中蕴含着人类的知识经验和各种文化活动，并使它们能够代代流传下去。总的而言，语言文字是历史的活化石。通过语言文字可了解考察历史、追溯历史文化的踪迹。

文化是语言的底座，没有文化，语言也不可能存在。语言的地位无论怎样重要，它都是精神文化的一部分，语言在其产生、变化和发展中一直受到文化的制约和影响。人类的文化创造活动产生了语言，没有人类起源过程所创造的原始文化，就不可能有原始的语言。文化是人类独创的，文化和人是同生同长的。语言文字和文化的关系因此十分密切，两者具有共生性和互依性。语言文字是一个民族的文化结晶，语言文字在文化中生存、贮存、留传。一个民族过去的文化依靠其语言文字流传，未来的文化也仰仗着它来推进。

（二）交际的本质要素

在英语中，“交际”可以有两种表述：第一，social intercourse，强调它的“社会性”（social）；第二，communication，突出它的“交际性”，communication 来源于拉丁语 commoms 一词，commoms 是“共同”（common）的意思。因此，“交际”这一概念与“社会共同”“社会共享”密切相关。只有同一文化的人们在行为规范方面具有共性，或交际双方共享某一文化规范，才能进行有效的交际。跨文化交际是不同主流文化的人们之间的交际，当然要求双方互相理解或遵循对方的文化，只有这样，才能保证交际达到预期目标。

语言交际在本质上属于信息传播，是一个动态的系统构成，必须具备构成系统的基本要素：第一，需要有交际主源，即信息的发出者；第二，要有信息的接收者。在交际主源发出信息前需要对所要表达的信息进行编码，通过一定的传播渠道克服各种干扰的影响传输给接收者。接收者接收到信息后对信息进行解码理解，向交际主源做出反馈。

（1）交际主源。交际主源是信息发出者，即具有交际需要和愿望的具体的人。“需要”是希望别人对自己作为个体而存在的认可，或改变别人的态度和行为的社会需要；“愿望”是试图与别人分享自己内心世界的欲望。从语言交际而言，交际主源是产生或激发了与不同文化背景的人交流的需要。

（2）编码。编码是交际主源依据社会、文化和交往规则，运用某种语言的词法、句法等规则对语码进行选择、组合和创造信息的过程，即思想转化成符号的过程。内心想法是不能直接与别人分享的，因此，必须依赖符号或非言语符号来表达，编码是一种心理活动。从跨文化语言交际而言，交际主源总是根据某种特定的社会、文化和交往规则来进行语言编码的。错误的编码，尤其在使用不熟悉的第二语言的时候，常常会造成交际冲突。

（3）信息。信息是被编码的思想，它是交际主源编码后的结果。信息是交际个体在某一特定时空的心态的具体写照，因此，就面对面的交谈而言，除了语码之外，还伴随着很多交际个体的非言语的信息，以及交际环境的信息。从跨文化语言交际而言，信息就是一个由语码、非言语信息及交际环境信息整合而成的综合体，其中渗透了某种特定的社会、文化密码。

（4）通道。通道是把信息源和信息接收者连接起来的物理手段或物质媒介，即用何种方式将编码的思想传递出去，如面对面交流、电话交谈、写信、邮件往来等，也有用肢体语言来表达的方式。从跨文化语言交际而言，面对面交谈是最常见、最主要的形式，它是通过听觉和视觉途径传递信息的最直接、最有效的方式。

（5）干扰。干扰是影响信息传递的各种因素及其组合的统称，任何交际都不是在真空中进行，干扰是交际存在的自然状态。干扰总体上可以分为三种：第一，外部干扰主要是交际的外部物理环境对交际过程的影响，如噪声等；第二，内部干扰则是信息源和交际对象在解读对方信息的过程中由于其思维方式、注意力、思想集中度的不同而对交际产生的各种影响；第三，语义干扰则主要来自语言本身，主要是信息的模糊，如汉语中的同音字等。个人和社会的交际方式都难免受到制约交际的"文化规约"影响。在跨文化言语交际中，对文化解码的困难会造成文化误读，甚至交际中断和失败。

（6）接收者。接收者是信息接收者。信息接收者与交际主源之间的连接可能是有意识的行为，接收者觉察到信息源的行为，做出反应，双方就建立了联系。双方的联系也可能是无意间建立起来的，信息接收者也可能由于偶然的机遇而截获或感知到进入渠道的信息源行为。无论哪种情况，信息总是以刺激人们感官的形式出现，通常以听觉或视觉的形式刺激信息接收者，激起信息接收者的反应行为。从跨文化交际而言，信息接收者与信息传播者是来自两个不同文化圈的交际主体。

（7）解码。解码是信息源发出信息的交际对象对信息的拆装，是一个对信息加工并积极寻求和赋予信息一定意义的心理过程。信息接收者在解码过程中，除了理解语言，还要解释附加的文化信息，从而准确解码。从跨文化语言交际而言，由于交际双方属于不同的文化圈，因此，在解码过程中必然会进行"文化过滤"，即通过自身的文化代码系统来解释所接受的信息，若对对方的文化符号不熟悉或不理解，产生误解或者冲突在所难免。

（8）反馈。反馈是信息接收者对所接收的信息采取的相应的行为选择。接收者可能对信息源行为听而不闻，视而不见，不采取任何行动；也可能立即做出反应而采取相应的行动。反馈行为表现为对对方陈述的评价，对对方疑问的应答，对对方要求的表态。如果信息接收者采取的行为符合或接近信息传播者的预期，那么交际就是成功的。从跨文化交际而言，信息接收者的反馈与信息传播者的预期是否接近，取决于双方对彼此社会、文化和交往规约的熟悉程度和语用策略的运用能力。

二、跨文化交际的层次及其联系

（一）跨文化交际的层次

跨文化交际（intercultural communication）是全球传播的一种形式（a form of global communication），它所描述的问题是由于团体中的个人因其具有不同社会和教育背景等的差异而引发的交际问题，以寻求理解来自不同国家和不同文化的人们是如何行动（act）、如何沟通（communicate）以及如何认知周遭世界的（perceive the world around them），简单而言，就是不同文化背景的人们的言及行，以及世界观及思考方式。跨文化传播根据参与传播活动者的范围可以分为三个层次，即来自不同文化背景的个体、群体或组织、国家之间进行的交流活动。

1. 个体

个体是跨文化交际的主体，在全球化的信息时代，来自不同文化背景的人们不仅仅需要进行短暂的沟通，随着贸易、留学等的需要，短居者需要在寄居国进行短暂的停留，为了完成工作和学习任务，他们需要进行跨文化适应，任务结束回到自己国家时，还存在适应调整问题。旅居他国身处不同文化的跨文化者需要文化适应和调适，只有克服在不同文化中所带来的不确定性和焦虑，才能在两种文化中成功地生存。

2. 群体或组织

群体和组织的跨文化传播多与商业组织相关，随着商业公司的跨国经营和员工的国际化，这些组织不但要在管理中探讨如何管理和激励来自不同文化的员工，更重要的是，如何把他们的产品销售到不同的文化中，从而获取更大的利润。例如，电视节目跨文化交流的特性研究、好莱坞影片的跨文化传播战略等，都是在经济领域中突出的跨文化传播问题。组织层面的跨文化交际侧重对跨文化交流过程中具体问题的实证考察，并在此基础上提出跨文化传播的一定规律。

3. 国家之间

如果以国家为一个整体，国与国之间的交际就是最高层次的跨文化交流活动。传播和信息技术的进步拓宽了国际传播的空间，超越了政府和政府之间的传播，而在全球的范围之内融入了商业和商业，以及人与人之间的互动沟通。

总而言之，跨文化传播是一个真正的交叉学科，它偏重语言和文化层面的关系，随着研究向多层次的深入，它也借助于社会学、心理学、管理学、国际关系等研究成果。大量的其他学科从自身的角度出发介入跨文化传播的研究领域，包括新闻类、文学、教育学等，并以横向拓展与学科交叉为主，表现出较为明显的学科构建意识。

（二）跨文化交际的构成要素

跨文化交际是文化观念和符号系统迥异的人们之间的交际；跨文化交际是具有不同文化背景的人们之间所进行的思想和信息交流的活动；跨文化交际是来自不同文化背景的人们运用符号来创设含义和对创设含义进行解读的互动交流过程。当文化差异巨大而显著时，人们对用一定符号所创设的含义因文化不同而存在不同的解释和期待，这种解释和期待的差异大小直接影响交际的效度。因此，在跨文化交际过程中，交际环境、符号运用的恰当性和有效性、认知程度以及交际动机或者目的等都影响交际的结果。首先，交际环境影响到交际者的跨文化交际能力，因为这种环境决定交际行为发生时交际者之间的关系以及交际状态；其次，交际符号运用的恰当性和有效性影响或者限制交际者在一定交际场合下对符号所表示含义的解读，乃至交际的结果发生；再次，认知程度决定交际者对交际对象的民族个性、生存环境、风俗习惯和行为规则等的了解程度；最后，交际动机影响到人们在交际过程中的情感表达、方式的选择等。跨文化交际的构成要素包含以下方面：

1. 交际双方必须来自不同的文化背景

从跨文化交际的实际情形而言，由于文化背景的差异导致交际失误，容易引起冲突的主要是中国和欧美国家的人际交往。中国同亚洲地区国家，如日本、韩国以及东南亚一些国家的人际交往，虽然也有文化差异的一面，但要顺利得多，这是因为这些国家与中国同属于东方文化圈，彼此之间在文化取向和交际规范方面有很多相通的地方。

2. 交际双方必须使用同一种语言交际

用来交际的这种语言对一方而言是母语，而对另一方而言必然是第二语言(习得的“目的语”)。例如，一个中国人与一个美国人交谈，他们可以选择使用汉语，也可以选择使用英语，这样他们就可以用同一种语言直接交际，而不需要通过翻译这个中间环节。

3. 交际双方进行的是直接的语言交际

跨文化交际中，中国文化的对外传播，着眼点在交际双方的直接交际，而不是通过“翻译”这个中介来完成交际任务。主要侧重于用语规范，通过了解对方文化的价值取向和行为规范，协调双方交际中涉及的文化因素，从而保证交际的有效性。

4. 交际双方进行的是实时的口语交际

实时口语交际，即双方面对面的交谈。此外，也包括伴随口语交际而可能发生的书面语交际，即文字传播方式的交际。

（三）跨文化交际的分类

来自不同文化结构体系的人们之间的交际都属于跨文化交际。但根据不同的标准和要求，跨文化交际的分类也不同，主要包含以下方面：

1. 按照跨文化交际范畴

按照跨文化交际范畴的不同可以分为“宏观跨文化交际”和“微观跨文化交际”，主要包含：第一，宏观跨文化交际是国际性的跨文化交际，即跨国界的观念、风俗不同的民族、种族之间的交际。例如，中国人与美国人之间的交际。第二，微观跨文化交际是同一国家内来自不同文化圈的人们之间的交际，包括同一国家内来自风俗不同的民族、种族、地域的人们之间的交际。例如，同在中国的汉族人与回族人之间的交际。

2. 根据交际群体的不同划分

根据交际群体的不同可以分为“文化圈内的交际”和“文化圈际的交际”，主要包含：第一，文化圈内的交际。文化圈内的交际是指同一主流文化内不同个体之间的交际。例如，同属阿拉伯文化圈的不同国家的个体之间或者同一国家不同地域之间个体的交际。同属于中国大文化圈的南方地区和北方地区有很多不同的习惯性差异。第二，文化圈际的交际。文化圈际的交际是指不同主流文化的个体之间的交际，即来自不同文化圈的个体之间的交际。来自不同文化圈的个体因文化差异而导致交际的表达方式、表达含义存在差别。

3. 根据交际群体的不同划分

根据交际群体的不同可以分为“跨种族的交际”和“跨民族的交际”，主要包含：第一，跨种族的交际是来自不同种族的个体之间的交际，如白种人与黑种人之间的交际。第二，跨民族的交际是来自同一国家或者不同国家的不同种族的个体之间的交际。例如，在中国，汉族特有的药叫中药，藏族特有的药叫藏药。汉语中“赤脚医生”是对应英语里的“Bare Feet Doctor？ Red Feet Doctor？ Local Doctor？ Village Doctor？”还是“Farmer Doctor？”根据汉语词典的解释，赤脚医生是中国农村中经过短期训练且不脱离农业生产的，能治疗小伤小病并做一些公共卫生工作的医务人员，其对应的英文应该是“Local Doctor”，“Village Doctor”，或者“Farmer Doctor”，其中“Farmer Doctor”最能传递其真实含义。

（四）跨文化交际的特征

1. 跨文化交际是人与人之间的交流

虽然跨文化的交流包括国家之间的交流、组织之间的交流和人与人之间的交流，但是跨文化交际更多地侧重人际交流的层面，特别是人与人之间面对面的交流。面对面的交流既包括语言交际也包括非语言交际，而且是一种双向交流和互动的过程，这也是为何早期的跨文化交际研究特别关注非语言交际，而不太关注大众传媒的原因。传统的大众传媒是一种单向的交流，是传播与接受的关系，缺少面对面交流的互动性。

2. 跨文化交际中涉及很多差异性

跨文化交际是不同文化背景的人们之间的交往，涉及许多差异性。跨文化交际涉及深层文化，如文化传统、价值观、信仰、态度等方面的差异，也涉及了行为方式和风俗方面，如手势、衣着、语言使用的差异。此外，跨文化交际还涉及个人文化身份和社会角色方面的差异，如性别、年龄、职业、地域等方面的不同，这些存在差异的因素相互作用，影响了跨文化交流的过程和结果。

3. 跨文化交际容易引起冲突

由于语言、交际风格、非语言行为、社会准则、思维模式、价值观等方面的差异，跨文化交际很容易产生误解和冲突。差异性是导致跨文化交际出现冲突的主要原因。

4. 跨文化交际的误解大多属于“善意的误解”

虽然跨文化交际充满冲突性，但是许多误解往往来源于人们良好的愿望。在自己文化中得体而礼貌的行为到了另一种文化中却成了无礼的举动，善良的意图却产生了意想不到的误解和不愉快，这样的误解可以称作“善意的误解”，跨文化交际中的大多数误解和冲突都属于这种“善意的冲突”，而不是“有意的伤害”。

5. 跨文化交际是挑战与收获

跨文化交际是一种挑战，因为跨文化交际中充满了误解、失败甚至冲突，成功的跨文化交际不是一件容易的事情。但是跨文化交际又是一种能给人带来深刻变化的活动。跨文化交际的经历使人们具有更开阔的视野、更丰富的阅历、更成熟的性格、更复杂的思维、更宽容的态度。许多有过出国经历的教师都表示，跨文化交际经历给他们的人生带来了积极的影响，不仅使他们变得更加独立，具备更强的适应能力和交往能力，更重要的是使他们更深刻地感受到世界上存在着不同的人生方式，并且学会了理解和欣赏这种文化的差异。

6. 跨文化交际常常引起情感上的反应

跨文化交际是一种很容易造成心理紧张的活动，人们经常提到的“文化休克”就是形容在跨文化交际中产生的心理反应。由于跨文化交际是不同文化背景的人们之间的交际，交际的过程和结果都充满了模糊性和不确定性，而这种模糊性和不确定性容易使人产生心理上的焦虑。

（五）其他学科与跨文化交际的联系

跨文化交际是一门年轻的学科，它是在国际交往日益频繁、全球经济一体化的特定时代产生的新兴学科。在我国，跨文化交际是汉语国际推广战略决策的需要。跨文化交际又是一门综合性学科，它是当代社会科学学科综合研究的结果，学科背景主要涉及文化语言学、社会语言学、语言交际学。其中文化语言学凸显“文化”的侧面，社会语言学凸显“社会”的侧面，而语言交际学凸显“交际”的侧面，这三个不同的侧面均围绕语言与非语言的“语用”这个核心。正是在这个基础上建立起了这么一门综合性的语言学科。

1. 文化语言学与跨文化交际

文化语言学是从文化学角度对语言进行研究，它把语言看作民族文化的模式和构成民族文化的符号系统，旨趣在于揭示隐藏在语言形式、语言结构、语言运用和语言变化背后的文化内涵。人类的文化世界也就是语言世界，语言与文化有一种“互塑互动”的作用，要想透彻了解语言的文化属性、语言的文化功能以及文化对语言的影响，就必须深刻揭示语言与文化的关系。因此，语言与文化的关系就是文化语言学研究始终关注的焦点，也是文化语言学的研究对象。

文化可以分为历史文化和现时文化：第一，历史文化是人们往昔的文化活动的轨迹；第二，现时文化是人们今日所从事文化活动的状态。然而文化是属于意识形态范畴的东西，人们的文化活动又是一个代代相传、连续不断的过程，历史文化和现时文化之间不可能判若鸿沟。历史文化是现时文化的渊源，现时文化又是全部历史文化当今时代的投影。任何民族的文化发展和变异都不可能摆脱历史文化的影响，而且还必定要以对历史文化遗产的批判继承为根据和前提。在古今各个文化阶段中连绵不断、一脉相承的成分，就构成了这一民族的文化传统。

语言是一种精神产品，是人类心智活动的成果，还是民族文化的表现形式之一，它与人类文化的其他形式一样，具有历史的连续性和继承性。然而语言又有变化发展的一面，这种变化发展的结果形成了古今语言间的明显差异。文化语言学不仅要探讨现代语言和现时文化的关系，还要探讨古代语言和历史文化的关系；不仅要研究现代语言和历史文化的关系，也要研究语言变化同文化变化的关系。文化语言学对已成为历史陈迹的古代文化的某些方面的发掘，是出于建设新时代的新文化的需要。跨文化交际中关于民族文化的阐述，关于文化与语言的关系的阐述，很多都来自文化语言学的研究成果。

2. 社会语言学与跨文化交际

社会语言学是研究语言与社会的关系的一门新兴学科，它从不同的社会科学（社会学、人类学、心理学、民族学、地理学、历史学等）角度来考察语言，进而研究在不同的社会条件下产生的语言变异。“不同的社会条件”是一种变素，而“语言变异”也是一种变素，因此可以把社会语言学看成是研究社会与语言的共变的一门学科。

社会就是以共同的物质生产活动为基础而相互联系的人类生活共同体，是人们交互作用的产物。这个定义揭示了社会的本质属性。但从社会语言学的关注点而言，任何为某种或多种特定的目的而结合在一起的人的群体都是社会，这个定义比较宽泛，涉及面也比较宽广，在讨论社会语言学时必须考虑到多种多样的社会、多种多样的社会集团。在中国历史上，除了较早时期以外，“社会”这个概念始终是与集团有关的。对于社会学家、政治学家和历史学家而言，他们或许关心的是社会的本质属性；但对社会语言学家而言，关心的是它的群体性和集团性。

语言是一个特定社会的成员所说的话，这个定义是简明扼要的，但又是不完整的。当人们试图去描写一个社会的语言时，能拿来讨论的“语言”这个概念本身就有问题。语言不是为人类世界原已存在的种种事物增设标志或名称的单纯汇集。每一社会集团都生活在多少不同于其他社会集团的社会中，这些差别既反映在语言社会的文化组成成分中，也反映在它们的语言系统中。然而有时候，一个社会是多语的，许多人会使用不止一种语言；而同一个人，几乎毫无例外地会随着环境的变化而调整自己的语言。

语言和社会并不是各自独立的，它们之间存在着错综复杂的关系。语言是在特定的交际环境中历史地形成的。它既起源于物种的个体发生，也起源于全人类的进化和每个人的生命史，还起源于社会交际行为。语言和社会的关系是辩证的，语言是人类通过交际来应付生活、应付世界的前语言和原始语言这个序列的产物。跨文化交际中关于社会关系的阐述，关于社会角色与语言行为的关系的阐述，很多都来自社会语言学的研究成果。

3. 语言交际学与跨文化交际

语言交际学是研究语言交际现象及其规律的学科，是一门语言学分支学科。语言交际学的出发点和落脚点是语言的使用，它研究语言用于交际的动态形式，揭示其语用规律，因此它从一开始就是站在语言科学阵地上来考察语言交际现象的。语言学界已经取得这样的共识：人们用来互通信息、交流思想的语言，是人类社会所独有的一种特殊社会现象，其特殊性在于它是专门用来交际的，语言的生命力和存在价值就在于交际；离开了人们的社会交际，语言既不可能产生，也不可能存在和发展。

“语言是人类最重要的交际工具”就是着眼于语言的社会本质，从交际功能的角度做出的科学概括。语言的社会实践，就体现于语言交际活动中；语言的交际功能，实际上是一种社会功能，这是它的基本功能，其他功能都是由此而派生出来的。语言交际学正是抓住语言这一社会现象的特殊性，从交际的角度来研究语言，而不是把语言以外的其他社会因素列为研究对象，即使涉及有关社会因素，目的还在于考察这些因素对语言交际所产生的影响，主要是对语言进入交际以后在结构和功能上所产生的影响；这是作为语言学分支学科的语言交际学和作为社会学分支学科的各种交际学在学科性质上的分水岭；这是出于明确学科自身性质的目的，不得不先把语言交际学从各种属于社会学的“交际学”中划分出来，使其在一片“向外拓展”的呼声中能保持清醒的学科意识，不致偏离语言学。跨文化交际中关于交际规范的阐述，关于语境因素与语用规则关系的阐述，很多都来自语言交际学的研究成果。

三、跨文化交际的文化适应与文化休克

（一）跨文化交际的文化适应

跨文化适应是旅居者克服文化休克，在语言、生活、交际和思维等方面的习惯逐步由本文化转向目标文化的动态过程。就群体层面而言，跨文化适应是不同文化背景的群体交往后的濡化过程，这个动态过程旨在增加相互之间的理解、拓展彼此的尊重以及延伸互相

接受的空间。跨文化适应一般要经历从“理解”到“接受”再到“尊重”的过程。

1. 跨文化适应的类型

就个体层面而言，进行跨文化适应的人群主要分为两类：第一，长期的移民或者难民；第二，短期居留者，即“旅居者”，包括完成某项使命和任务的人，如留学生、商人、海外学者、科技人员等。也可将移民的跨文化适应分为社会适应和心理适应两类：一方面，社会适应是对文化技能的习得，以便在特定的社会文化环境下生存；另一方面，心理适应是情感的稳定和满足。

(1) 短期跨文化适应。短期文化适应是因学习或工作而暂时旅居另一文化背景中的人对新文化环境的适应，他们的居留时间短到数月，长则数年。从文化休克到文化适应的过渡一般体现在第一、二年。短期文化适应的目的是保证其在异文化环境中任务的顺利完成，这种文化适应就是人们所说的“工具性”的文化适应。对短期文化而言，它只是为了满足人们对于短期居住异国的需要，在这里无须要求完全对异国文化的认同感，而仅仅是为了保证短期学习和工作的顺利完成即可，因此，对待短期居住在异国的人而言，学习和掌握短期文化能够更好地与异国人士进行理解和交流，能够使人们初步适应异国文化，从而适应异国的工作和生活。

(2) 长期跨文化适应。长期文化适应是对长久居留环境的一种适应状态，其呈现出的社会表现是，永久移民在新的文化环境中已经基本克服了短期文化适应过程中文化休克的阻碍，生活的节奏也已经基本安定和稳定，在语言、生活、工作和交际等多个方面都较为适应，然而他们依旧无法深层次地、真切地融入居住地的居民群体和文化中去，仍然不能挖掘与体悟出当地语言中的深层内涵和风格，特别在生活方式和“幽默”感上因为文化的差异难以寻找到共鸣点，甚至会有产生一种特别的“边缘人物”感受，那就是认为自己既不被新文化接受，又不为母语文化所认同。

通常情况下，长期文化适应需要经过三个阶段：第一，克服文化休克，达到初步文化适应，即短期文化适应的要求；第二，逐步摆脱母语文化的羁绊，获得过渡文化人格；第三，实现文化身份的彻底转变，完全融入移民文化。其中，获取过渡文化人格是进入长期文化适应的关键期。很多人数十年身居在一种新文化中，更有甚者一生均处于这样的状态，但仍然未能感受到一种应有的文化归属，深陷文化困境。

(3) 短期跨文化适应与长期跨文化适应的区别。

①短期跨文化适应与长期跨文化适应所要达到的目的有所不同。短期文化适应也称为“工具性”文化适应，目标是保证个体顺利完成在外国文化环境中的各种工作和学习任务。但是，长期文化适应对于适应所居留的环境是具有永久性的，其中包括移民的文化适应，是为了让个体对于居住国文化可以真正地、发自内心地接纳。

②短期跨文化适应与长期跨文化适应要达到的标准也有所不同。移民和旅居者在居住国文化环境中的有效而又得体的解码和编码能力，也是接受和适应居住国文化交际规则的能力，这一能力包含三种要素：第一，认知能力，即熟悉新的文化并学会对其语言和必要

的信息进行加工的能力；第二，感情能力，即能够主动自觉地应对工作、学习和生活中的各种挑战，参与社会生活，体会居住国人们的感情，并愿意做出必要的自我改变，以适应新文化环境的要求的能力；第三，行为能力，即能够有效而又得体地进行语言交际和非言语交际，以满足工作、学习和生活需求的能力。长期文化适应者会不断培养自己这三方面的能力，但是短期文化适应者对自己不会有这样全面严格的要求。根据自我的需求，他们可能只是根据自我的需求培养其中一种能力。

综观这两种文化适应，短期文化适应是长期文化适应的基础，是其必经的起始阶段，但作为跨文化适应的两种类型，短期文化适应和长期文化适应从文化休克到文化适应的过渡阶段是不同的，这些区别主要表现在两者的目的和达到的标准上。虽然时间对文化适应产生的影响还有待研究，但这两种文化适应的区别还是显而易见的。

2. 不同年龄对跨文化的适应

对异文化的适应是初居一个新文化环境的人，不停地克服文化休克的不良影响，调整或改变相应的交际行为、生活习惯、思维方式与价值观念，最终达到适应新的文化环境和有效地在新文化环境中进行交际与交往。不同年龄段的人在对异文化的适应方面是有区别的，这主要是与人的认知发展、交际能力以及对外界的适应能力有关。

（1）人的认知能力随着人的年龄的增长而发展。人在青春期时，认知能力发展十分迅速，表现为抽象思维、推理以及相对地而非绝对地看待可能性能力的增长。成年后，其思维方式、价值观念等都已趋于成熟，认知能力以及模式已经定型，很难再改变。例如，在留学生的跨文化适应问题中，留学生其中有一大部分要申请较高的学历，对于大学生而言，多年的教育已经使惯有的文化内容以及思维方式根深蒂固，他们也已经具备一定的社会经验以及具有自己的生活方式，当他们遇到外部教育模式或者文化内容时，其自身便会有一定的抵触，这样反而会使得内部的文化内容更加凸显；但是相对于缺少社会经验的初高中学生而言，其本身不具备太多的文化内容和社会思维，当他们受到外部文化影响时便能更好地接受和学习。

（2）年龄还影响到人的交际能力，进而影响到人对异文化的适应。人的年龄、性别等因素，在具体的交际活动中对沟通产生影响，进而影响到对异文化的适应。把一个母语为汉语的儿童放入英语语言环境中，他能利用非言语来正确表达自己的意思。

（3）人对外界的适应能力随着年龄的增长而变化。不同年龄段的人之间对异文化的适应有明显差异：年轻人更加愿意出去接触新鲜事物，而老年人则更倾向于怀旧。不同年龄段的人，其个体特征相异，心理发展不一样，对文化的敏感度、对新鲜事物的开放程度以及所形成的文化对他的约束力是不一样的，这在一定程度上会影响到对异文化的适应。

（二）跨文化交际的文化休克

文化休克并非一种精神上的疾病，而是对新环境的一种自然反应，或者不适应的反应。站在文化休克的角度，其症状有：情绪低迷、敌视异文化、有焦虑感，过度认同原文化，有畏缩情绪与思乡情绪、严重的孤独感、妄想症、有无助感、容易生气、紧张、感官混乱、找不到方向、孤立、戒备心强、迫切地需要交流、不宽容与不果决、缺乏耐心等。

1. 文化休克的影响

文化休克通常被认为是一种消极的现象，它在情感上，因心理平衡遭到破坏，容易出现孤独无助、烦躁焦虑等情绪；在认知和感知上，符合原文化规定的行为在另一文化中可能被认为是奇怪的，交际者很难在短期内解决这一问题；在生理上，容易引发身体疼痛或不适；在跨文化交流过程中，容易与他人发生冲突。

但是，文化休克也并非全部都是消极的影响，文化休克并不是一个人适应新文化失败的证明，而是反映了跨文化适应的动态过程，也有其积极的一面。文化休克的积极影响主要表现在它能够为交际者提供学习异文化的机会，并促使他们做出新的回应，在新的回应中逐步了解、熟悉、理解甚至接受新的文化。当交际者接触一种新的文化并处于其中的时候，因为陌生而产生的焦虑感会让交际者的精神处于异常兴奋的状态，学习速度加快，从而在相对短暂的时间内能学到更多的东西，在学习的过程中，获得一种因为挑战而带来的特殊成就感会促使交际者在新的层次上实现自我，从而形成新的观念，积累处理异文化的经验和技能。

2. 正确对待文化休克的措施

正确对待文化休克，需要人们从认识上承认文化休克是跨文化交际过程中的一个客观存在，不能否定、逃避或忽视文化休克的存在，在这个基础上需要进一步认识到，文化休克也是增进自我意识、提高跨文化适应能力过程中不可或缺的环节。

(1) 客观认识文化休克。文化休克是跨文化交流过程中的一种客观存在，每个置身于新文化环境中的人都会遇到，能否很好应付这个问题，是跨文化交流能否获得成功的重要因素。文化休克对于跨文化交流而言其影响是具有直接性的，从个体的角度而言，它能左右个人对于新环境的适应程度，且对其跨文化交流是否可以圆满完成也有着直接的影响；从国家或者是组织交流的角度而言，不管是组织还是国家的交流都可能因为个人因素而发生改变。文化交流基于全球化的大环境下，不管是立足于组织还是个人又或者国家等交流层面对于文化休克这一问题都是不可避免的。

(2) 普遍存在的文化休克。一般而言，人们在国外定居、工作又或是留学的过程中，经常会感受到不同程度文化休克的心理反应。但是，文化休克并非只在本国文化与异国文化的交流中存在，因为在不同地域、语言、社会阶层的文化接触文化休克的现象是普遍存在的，即使这文化来源于同一国家。因此，文化休克不仅仅是简单的异国文化碰撞而形成的一种心理现象，也是亚文化圈中不同的两者在交流引起的一种对抗现象，其中包含思想隔膜、震动以及行为上的冲撞。

(3) 提高自身的跨文化意识。当移民和短期旅居者来到一个陌生的文化环境时，会产生文化休克，这时他们需要适应新环境，以便能够在新环境中生活、学习或工作。从这一层面而言，面临的文化休克困难实际上是跨文化适应的要求与母语文化对抗的冲突，也就是以保持母语文化的风俗习惯，来维护原来文化身份的心理与希望改变原有的风俗习惯以适应新环境要求之间的冲突，这一冲突实际上就是新文化的推力与旧文化的拉力之间的矛盾和冲突。大部分人的选择会是放弃和改变不适应新文化的原有习惯，接受新文化的要求。而随着对新文化适应和与旧文化脱离进程的发展，外来者会不断进行内在的心理转化。其中最先产生变化的是外在的行为，然后深入基本价值观念的深刻变化。新文化环境的压力迫使新来者去学习新文化，不断改变自己，以便适应新文化环境的要求。

当身处文化休克处境时，外来者必须、至少暂时必须改变一些固有的交际模式，这样才能达到预期的交际目的。换言之，身处新文化环境之中，外来者需要搁置或改变一些旧的文化方式，适应新文化的一些方式。然而，在跨文化交际中，这些需要一般都会受到可察觉的和不可察觉的阻力。这些阻力会加剧文化休克的压力。文化休克虽然会给跨文化适应造成困难，但它是在跨文化适应过程中学习和积累跨文化适应经验的不可缺少的重要环节，就是文化休克可以看成是深入学习的经历，这一经历会增进自我意识和个人成长。要想克服文化休克的障碍和实现跨文化适应，关键就在于要不断提高跨文化意识。文化休克可以看作是通过学习和体验新文化将跨文化意识由低水平提高到高水平的有益阶段。也即是要对文化休克的表现，即无所适从、惶恐不安、抗拒心理采取一分为二的态度，而不是全盘否定。

四、跨文化交际与英语教学中的有效融合

随着全球化时代的到来，各国之间的文化交流日益频繁，人们进入了一个多元文化并存的时期。但是在多元文化并存下，文化差异会造成交际失误，引发矛盾，教师在高校英语教学中应强调培养学生的跨文化交际能力，使学生准确运用英语技能，对文化差异具有一定的敏感性、宽容性，能够灵活地处理文化差异。基于这样的考量，高校英语教学中应采取有效途径渗透跨文化交际教学，培养学生对于文化差异的敏感性，缩短文化距离，使学生形成良好的跨文化交际能力，成为社会需要的人才。

（一）跨文化交际与英语教学有效融合的重要性

跨文化交际与英语教学是密不可分的，高校英语教学必须注重跨文化交际教育的时刻渗透。我国颁布的《高等学校英语专业教学大纲》《大学英语课程教学要求》中均把跨文化交际列为重要的教学内容，提出要注重培养学生的跨文化交际能力，不仅要求学生掌握“听、说、读、写、译”五项技能，更要求掌握跨文化交际能力，可见跨文化交际在高校英语教学中的重要性。

全球化趋势越来越明显，使得普通人不可避免地要与不同文化背景的人交流，跨文化交际离普通人越来越近。文化差异是跨文化交际的最大障碍，因为文化差异的存在，可能造成跨文化交际中出现语用错误，使对方认为交流方不了解其民族文化，不尊重自己，进而破坏正常的交流，引发矛盾。为了能够正确、有效地交流，在高校英语教学中应重视文

化教学，使学生了解英语使用国家的社会文化、风土人情，培养学生对文化差异的敏感性，让学生通过跨文化交际的渗透，更清楚地认识英语的结构和本质，形成良好的跨文化交际能力，正确运用英语语言，减少母语对英语语言学习可能产生的错误，避免出现语用错误。

（二）跨文化交际与英语教学有效融合的原则

第一，相互尊重。中文与英语是根植在不同文化土壤中，带有各自民族特点的两种语言体系，只有在相互尊重的基础上，才能用理性的态度去审视另一种民族语言，吸收另一个民族文化的精髓，这就要求在高校英语教学中用无歧视、无崇拜、无偏见、无盲从的态度对待英语国家的民族文化，客观地了解英语国家的社会文化、风土人情、生活习惯等，才能更好地认识文化差异。

第二，求同存异。在英语教学中渗透跨文化交际教学应遵守求同存异原则，便于消除母语对英语语言学习可能造成的错误。“求同”在教学中比较易于把握和实施，学生在理解上困难不大，但是“存异”要讲究方法和策略。对比是了解两种文化差异的最有效方法，通过对比能让学生认清两种文化差异，了解另一个国家的文化，避免出现语用错误。

第三，去粗取精。取其精华，去其糟粕，是高校英语教学进行跨文化交际渗透时应当遵守的原则，应摒弃英语文化中那些不健康的文化，从中吸收有用的、正面的文化信息并为我所用，这样在培养学生跨文化交际能力之余，更利于学生的健康成长。

（三）跨文化交际与英语教学有效融合的途径

鉴于跨文化交际在高校英语教学中及对学生英语学习的重要性，如何在教学实践中渗透跨文化交际，提高学生的跨文化交际能力是一个值得慎重考虑的问题。

1. 充分利用英语教材

目前，多数高校英语教材中的文章都是来自英美主流媒体，涵盖大量与当今西方社会实际相符的文化信息。教师在讲授这些文章时，不仅要讲解文章的整体结构及其中的句型、短语等语言知识，也不能忽视字里行间流露出来的文化知识，应当很好地利用这些文化知识渗透跨文化交际，培养学生的跨文化交际能力。因此，教师应认真地研读教学，深入挖掘文章中的文化知识，在讲解文章时进行文化教学，渗透跨文化交际，以达到高校英语教学目的。

2. 转变传统教学观念

在高校英语教学中，“听、说、读、写、译”是重要的教学内容，但是这些并不是高校英语教学的全部内容。一些教师把词汇的掌握、语法的传授放在了教学重点上，单词义项背诵、短语搭配、句型结构掌握几乎成为课堂教学的全部，脱离了语言学习的文化背景，使得课堂教学内容实用性不足，并且枯燥乏味，学生提不起学习兴趣。因此，教师应转变传统的教学观念，深入理解《高等学校英语专业教学大纲》《大学英语课程教学要求》中的要求，切实落实跨文化交际教学，不仅注重学生的基础知识教学，培养学生的“听、说、读、写、译”五项语言技能，更要拓宽学生的知识面和文化视野，提高学生的跨文化交际能力。

3. 改善传统教学方法

传统的高校英语教学比较注重语言形式和内部结构的结构主义教学，忽视了语言形式与语言意义之间的联系，造成学生在英语学习中缺乏跨文化交际能力，出现交际失误，不能正确运用英语。因此，教师应基于跨文化交际教学的需要，改进传统教学方法，并进行实践研究，做到去粗取精，以提高教学方法的有效性。针对性交际教学法是一种有效渗透跨文化交际的方法，其能让学生根据情景和语用做出相应的反应，降低英语交际中的语用错误，提高学生英语运用准确性。在针对性交际教学法下，教师为学生设定一个场景，学生置身于这一场景中进行对话操练，根据情景和语用做出相应的反应，从而达到锻炼英语口语表达能力与提高跨文化交际能力的目的。在课堂教学中，教师可以为学生设定和英国朋友用餐的情景，让学生在用餐环境下对话，既可以了解英国人的饮食文化、饮食习惯，也可以锻炼口语，提高学生的跨文化交际能力。

4. 积极创建开放课程

为在高校英语教学中有效地进行跨文化渗透，应构建开放性的课程，使教学目标的设定、教学内容的选择、教学课程的实施都是在开放状态下进行，便于学生在一个相对开放的课程下提高文化差异的敏感性，形成一定的跨文化交际能力。向学生开放是为学生构建自主学习的课堂，体现出学生在课堂上的主体地位，充分发挥学生的主观能动性，使学生学习从被动变主动，在课堂上积极思考、发言，进而提高学习效果。一旦学生从被动学习中解脱出来，学生的主观能动性就会得到发挥，英语学习积极性自然有所提高，在这种环境下进行跨文化交际教育，能起到事半功倍的效果。

5. 构建和谐的师生关系

和谐的师生关系，利于教师与学生进行有效的交流、沟通，便于学生积极提问、发言、思考，提高学生的英语习得效果。更为重要的是，在高校教学中渗透跨文化交际离不开师生之间的互动，若没有和谐的师生关系，师生互动效果是无法保证的。为培养学生的跨文化交际能力，需要建立和谐的师生关系。和谐包括平等、尊重、友爱等多层含义，师生互相尊重，并且教师要无差别地对待每一位学生，关爱学生、爱护学生，以建立和谐的师生关系。例如，课前与学生充分交流，了解学生学习中遇到的疑难点，并将其作为课堂教学内容之一，以此确定教学目标、学习内容，设计主题式的情景，既尊重了学生，也完成了教学任务。

6. 积极搭建互动课堂

跨文化交际提倡开展主题式的情景交流，让学生在主题式的情景交流中逐步形成跨文化交际能力，并在交流过程中发现问题、解决问题，能够正确地运用英语语言表达意义，与对方形成有效交流。因此，高校英语教学中应多为学生设计主题式的情景，搭建互动课堂，使学生在交流互动中提高跨文化交际能力。除了课堂上的情景交流，教师还可以为学生创造课堂外的跨文化交际活动，形成课内外相结合的实践教学模式，延伸英语课堂，培养学生的跨文化交际能力。

总而言之，跨文化交际在高校英语教学中有着十分重要的地位，既是高校英语的教学内容之一，也是提高大学生英语语言运用能力的有效方式。跨文化交际不仅是语言的交流，也是文化间的交流，所以高校英语应注重文化教育，认识到文化差异是跨文化交际的最大阻碍，然后通过有效的途径渗透跨文化交际教学，多方法地培养学生的跨文化交际能力，使学生在交际中正确地运用英语，降低语用错误，从而进行有效、顺利的跨文化交流。

第二节　跨文化交际的影响因素

在英语教学中，语言与文化密切相关，而中西语言与文化存在着明显的差异，这些差异恰好是影响跨文化交际视角下大学英语教学的重要因素。

一、跨文化交际中的语言差异

“语言在绝大多数方面蕴含在文化之中，因此，某一社会的语言乃是其文化的一个方面，语言和文化的关系是部分和整体的关系”[①]。语言与文化密切相关，文化对语言有着重要的影响。文化不同，其影响下的语言也不尽相同，具体包含以下方面：

（一）词汇差异的影响

在英汉两种语言中，词汇都是重要的构成成分和要素。在词汇层面，英汉语言的差异性主要有如下表现：

1. 词形变化差异

英语属于屈折语言，具有丰富多变的语法形态。英语名词有可数与不可数之分，可数名词又分为单数名词与复数名词。英语动词也有丰富的形式变化，主要体现在人称、语

① 韩健.功能语言学视阈下的法律文本对比分析[M].上海：上海交通大学出版社，2013：146.

态、语气、时态、情态及非谓语等的变化上。除了名词与动词之外，形容词、副词等也有词形的变化，正是由于这些词形的变化，英语中的词类、性、数、格、语态、时态的变化不需要借助其他虚词就可以实现。汉语是一种非屈折语言，词与词的关系需要读者自己解读。一般而言，汉语语法形态是通过上下文语境来实现的。汉字属于表意文字，其名词没有可数与不可数之分，也没有单复数之分；动词也没有形态变化，谓语动词的语态、时态等往往需要借助词汇手段来实现。

2. 构词方式差异

英汉语言构词方式多种多样，这里主要对词缀法、缩略法、复合法三种方式加以分析：

（1）词缀法差异。词缀法即在词基的基础上添加词缀而构成新词的方法。

首先，汉语词缀法与英语词缀法相比，数量相对较少，而且存在明显的不确定性。汉语中的词缀构词主要有三种形式：第一，前缀，词缀＋词根，如“阿妹”“老虎”等；第二，后缀，词根＋词缀，如“瘦子”“包子”等；第三，叠音后缀，词根＋叠音词缀，如“沉甸甸”“红彤彤”等。需要特别说明的是，汉语中这些词缀可有可无，但有了这些词缀可令语言更贴切、更通俗易懂，所以人们在很多情况下会使用这些词缀。

其次，词缀法是英语构词法的核心，英语词缀法可分为前缀法与后缀法。

第一，前缀法。前缀法是指基于词根而添加前缀来构成新的词汇。一般而言，词根有名词、动词、形容词等。前缀构词法一般会改变词义，但是对词性没有任何影响。按照意义进行划分，英语前缀有九类：①表否定：in-（变体 ir，il-，im-），non-，dis-，un-。②表贬义：mis-，mal-，pseudo-。③表方向、态度：contra-，pro-，counter-。④表时间：fore-，pre-，ex-，post-，re-。⑤表反向或缺失：dis-，de-，un-。⑥表程度：co-，hyper-，micro-，under-，over-，super-，ultra-。⑦表方位：fore-，intra-，tele-，extra-，inter-，super-，trans-。⑧表数：di-，hemi-，uni-，multi-。⑨其他：neo-，proto-，auto-，pan-，vice-。例如，前缀法构词包括：international 国际组织，anti-knock 抗震的，anti-body 抗体，counterattack 反击，dehydrate 脱水，decompose 腐烂、拆分，disbenefit 不利之处，等等。

第二，后缀法。后缀法也是基于词根而添加后缀来构造新词。英语后缀法对词汇的意义并无多大影响，但是会对词性产生改变。根据构造而来的新词的词性，后缀法可以划分为：①名词后缀。名词后缀只构成名词，常见的名词后缀有 -age，-dom，-ee，-ry/-ery，-hood，-ness，-（t）ion，-ity，等等。例如，postage 邮费、wastage 浪费（量）、wisdom 智慧等。②动词后缀。动词后缀是在名词、形容词后添加后缀构成动词，常见的动词后缀有 -ate，-en，-fy/-ify，-ize（ise）等。例如，hyphenate 用连接号连接、chlorinate 使氯化、shorten 变短、heighten（使）变高等。③形容词后缀。形容词后缀只用于构成形容词，常见的形容词后缀有 -able（有 -ible 和 -ble 两种变体），-al（有 -ial 和 -ical 两种变体），-ful，-ive，-less 等。例如，eatable 可食用的、washable 耐洗的、philosophical 哲学的等。④副词后缀。副词后缀只用于构成副词，常见的副词后缀主要有 -fold，-ly，-ward（s），-wise，等等。例如，

tenfold 十倍、calmly 平静地、recently 最近、firstly 第一、upward 向上等。

需要注意的是，英语中的词缀不能以独立的形式存在，也不能单独用于词组、句子中，即必须依附于具体的词根来构造新词。同时，词缀的位置也较为固定，即前缀置于词根之前，后缀置于词根之后，不能互换。

（2）缩略法差异。

汉字具有较强的表意性，即汉字能够单独表达意义，因此具有活跃的缩略词生成能力。由于汉语是由大量的表演符号对语素、词等进行表达，没有形态上的变化，因此汉语缩略词都是围绕“字”形成的。具体而言，汉语缩略词的构成方法主要有两种：

第一，抽取法，即从原词或词组中抽取一些关键词来形成新词的方法。①抽取词组中的第一个语素构成新词，如超级市场→超市，外籍教师→外教，私营企业→私企等；②抽取词组中的最后一个语素构成新词，如人寿保险→寿险、电影明星→影星等；③抽取第一个词组中的第一个语素与第二个词组中的第二个语素构成新词，如外交部长→外长，租赁资金→租金等；④抽取词组中富有代表性的某一个或者某一些语素，如奥林匹克运动申办委员会→奥申委、立体交叉桥→立交桥等。

第二，数字概括法，即抽取原词或词组中共同存在的成分来构造成新词的方法。一般而言，用数字来进行概括与标注。英语缩略词的数量较多，主要有四种类型：①节略式缩略词，是截取全词中的一部分，省略另一部分的形式构成的新词，节略式缩略词又包括取头去尾、去头取尾、去头尾取中间和取头尾去中间；②字母缩合式缩略词，是将某一短语中的首字母或者某些字母提取出来构造成的新词；③混合式缩略词，英语中的混合式缩略词一般包括两种：选取短语或名称的两个成分 A、B 的部分缩合成新词；成分 A 或 B 的部分加上另一种成分 A 或 B 的全部缩合成一个新词，包含 A 头 +B 尾、A 头 +B 头、A+B 尾和 A 头 +B。

通过对英汉缩略法的分析可知，由于汉语属于表意文字，英语属于表音文字，因此，二者在缩略词的构成上存在明显差异。首先，英汉缩略法的缩略原则不同。英语缩略词的形成往往是缩减一些无意义的音节，即保留原词语中的一部分音节，并在达成与原词语相似目的的前提下构成新词，其主要维系了缩略词与原词语的语音层面的关系，这对其稳定性产生了很大的影响，并且在对原词语的代表性语素进行选取时也较为随意。汉语在选择语素时，首先，将语义关联放在首位，即所选择的语素一定要能够代表原词语，尽最大可能将原词意义体现出来，从而更好地对原词意义加以提示。其次，英汉缩略词缩略特点不同。英语缩略词在音、形、义三个层面的联系并不紧密，一个缩略词代表的可能是一些不相干或者没有任何关联的词语。汉语缩略词要求每一个字都是音、形、义相结合的产物，表现非常稳定，发音、书写不会因为组合形式的改变而发生改变。同时，汉语缩略词具有较大的还原性，人们可以根据汉字的义项对其词组中的含义加以理解与推断，并且容易理解与记忆。

（3）复合法差异。除了词缀法、缩略法，英汉构词方式还有复合法，并且两种语言在复合构词方式上也存在差异。

首先，汉语的复合构词法可以构成动词、名词、形容词等，还可以构成代词、连词等。与英语复合法不同的是，汉语由语素构成，构词不仅从词性上来分类，而且从语素之间的关系来分类，即动宾关系、主谓关系、动补关系、偏正关系等。例如，动宾关系：举重、跳舞等；主谓关系：国营、自卑等；动补关系：开发、推行等；偏正关系：鸟瞰、雪白等。

其次，复合法是英语构词的主要方式之一。按照一定的次序排列，词汇的构成就会受到词汇形态变化的影响，通常根据后面的词对词性予以确定。根据复合词的词性，英语复合词可以分为复合名词、复合形容词、复合动词。

第一，复合名词。复合名词是英语中最常见的复合词，其构成形式主要包含：①名词 + 名词，如 northeast 东北、hot-days 暑天、football 足球、grandfather 祖父、postcard 明信片、end-product 最后结果等。②动词 + 名词，如 haircut 理发、chopsticks 模子等。③形容词 + 名词，如 blackboard 黑板、deadline 截止日期等。④副词 + 名词，如 off-chance 不容易有的机会、afterthought 事后想到的事物等。⑤介词 + 名词，如 afternoon 下午、by-product 副产品等。⑥ -ing+ 名词，如 cleaning lady 清洁女工、parking-meter 停车计时器、learning strategy 学习策略等。⑦名词 + 动词，如 heartbeat 伤心、daybreak 黎明、snowfall 降雪等。⑧名词 +ing，如 handwriting 书法、air-conditioning 空调等。⑨副词 + 动词，如 offset 抵消、onflow 滚滚向前等。⑩副词 +ing，如 uprising 起义、upbringing 抚养孩子等。

第二，复合形容词。复合形容词的后半部分主要包括名词、形容词、副词以及具有形容词性质的 -ing 分词或 -ed 分词。复合形容词的构成形式主要包含：①名词 + 形容词，如 life-long 终身的、bulletproof 防弹的、duty-free 免税的。②形容词 + 名词，如 short-term 短期的、half-hour 半小时的。③形容词 + 形容词，如 red-hot 炽热的、green-blind 绿色色盲的、good-tempered 脾气好的。④副词 + 形容词，如 all-mighty 无所不能的、evergreen 常绿的，永葆青春的。⑤名词 +ed，如 faint-hearted 胆怯的。

第三，复合动词。复合动词一般是在复合名词和复合形容词基础上，通过词类转化法或逆生法而构成的，副词与动词也可以构成复合动词。①本身为复合名词，转化后成为复合动词，如 nickname（n. 绰号）→ tonickname（v. 给人起绰号）、moonlight（n. 月光）→ tomoonlight（v. 赚外快）。②本身为复合名词或复合形容词，逆生后成为复合动词，如 hen-pecked（a. 怕老婆的）→ tohen-peck（v. 管束丈夫）、baby-sitter（n. 保姆、看管孩子的人）→ tobaby-sit（v. 看孩子）。③由“副词 + 动词”构成的复合动词，如 undergo 经历、underwrite 承担、outgo 支出等。

3. 书写形式差异

英语属于印欧语系，汉语属于汉藏语系，二者分别属于不同的语系。汉语往往采取方块字的基本形式，英语则由字母组成。因此，二者在书写形式方面截然不同。具体而言，汉语在音韵层面属于“调韵声体系”。虽然音节之间较为分明，但是音节与音节之间的组合比较模糊，所以汉字之间没有间隙；反之，英语中的音节与单词都是由字母组成的，音节和单词之间没有明确的界限，英语在音韵层面属于“元辅音体系”。正因为如此，英语单词与单词之间通常以空格来进行分离，音节则常写在一起。例如，Gloria loves singing very much.（格洛利娅非常喜爱歌唱）。

（二）句法差异的影响

在英语语言中，句法起着十分重要的作用。英汉句法的差异有很多，这里主要从语序、语态、句子重心三个层面入手分析。

1. 英汉语态差异

英汉思维模式的不同也必然会影响语态的选择。通过分析英汉语言可知，英语善用被动语态，而汉语善用主动语态。语言是文化的载体，选择不同的语态代表着不同的文化。英语选用被动语态，说明英语国家的人们对客观事物是非常看重的，而汉语选择主动语态，说明中国人对做事主体的作用是非常看重的。

（1）英语善用被动语态。英语对于物质世界的自然规律是非常看重的，习惯弄清楚自然现象的原理。与中国人相比，他们更加看重客观事物，善于对真理进行探求。在语言表达上，他们习惯采用被动语态来对活动、事物规律或者动作承受者加以强调，对于被做的事情与过程非常重视。因此，在英语中被动语态非常常见。

就语法结构而言，英语中存在十多种被动语态，并且时态不同，被动语态结构也存在差异，如一般现在时被动语态、一般过去时被动语态等。当然，不同的被动语态，其所代表的意义也必然不同。例如：① English is spoken by many people in the world.（世界上有许多人说英语。）②Apple trees were planted on the hill last year.（去年山上种了很多苹果树。）③ AI technology will be used in the future.（将来会用到人工智能技术。）通过分析可知，①句为一般现在时态，其被动语态表达的是现在的情况；②句为一般过去时态，其被动语态表达的是过去的情况；③句为一般将来时态，其被动语态表达的是将来的情况。

英语中之所以常用被动语态，主要有如下原因：

第一，不清楚动作的执行者，或者动作的执行者没必要指出时，一般采用被动语态。例如，The shirt is made of polyester.（这件衬衫是用涤纶制成的。）

第二，当需要突出动作的承受者时，一般采用被动语态。例如，The harvester is widely used in the wheat harvest.（小麦收割广泛使用收割机。）

第三，当动作的执行者非人时，一般采用被动语态。例如，I am shocked to hear our school volleyball team was beaten by other school.（听到我们学校的排球队被其他队击败了，我感到非常震惊。）

第四，汉语中的“受”“被”“由”等翻译成英语时，一般采用英语中的被动语态。例如，汤姆被这个城市的人们选为市长。（Tom is elected the Mayor by this city people.）

第五，新闻、科技、公文等实用文体中也常常使用被动语态，这是因为新闻文体注重表达的客观性，要求叙事冷静、翔实，动作执行者往往比较难以表明；科技文体比较注重活动、事理的客观性，也会避免提及动作执行者；公文文体注重公正性，表达比较正式，这些情况都要求使用被动语态来表达，以淡化动作执行者的主观色彩。例如，Your letter has been received.（来信已收到。）

(2) 汉语善用主动语态。汉语习惯采用主动语态来表达，以清楚陈述动作的执行者。但是，汉语中也存在被动语态，主要表达不希望、不如意的事情，如受祸害、受损害等。受文化差异的影响，汉语中的被动语态往往比较生硬。例如，饭吃了吗？病被治好了吗？显然，上述两句话虽然可以使用被动语态表达，但是显得非常别扭，因此应改为：你吃饭了吗？医生治好你的病了吗？修改为主动句式后，句子就显得流畅许多，这就说明，汉语中并不存在如英语中那么多的被动句式，也很少使用被动句式，而是采用主动句式，这与中国人的主体思维有着密切的关系。在汉语中，如果无法确定动作执行者，也往往会使用"有人""大家""人们"等泛称词语替代。如果没有泛称词语，也可以采用无人称，也就是"无主句"。例如，下雨了，快走！

2. 英汉语序差异

从语言形态学考量，语言可以划分为两种：一种是综合型语言；另一种是分析型语言。综合型语言的语序非常灵活，分析型语言的语序则相对固定。从总体上而言，英语属于分析型语言，但是很多英语句子既包含分析，又包含综合，因此，英语是分析与综合参半的语言。相较而言，汉语的分析型成分占主要部分，因此汉语语序较为固定。在汉语中，句子的主谓语序为正常语序，即主语位于谓语之前，这就意味着汉语一般不使用倒装句。当然，英语中也有一些与汉语类似的情况，但是英语中会使用大量的倒装句，尤其是在一些商务文体里面，倒装句的使用频率要比汉语高得多，以倒装句来分析英汉语序的差异。例如：

Had I known that we would be walking the sixteen blocks from the bank to the convenience store，I would have worn more comfortable shoes.（如果我知道我们从银行到便利店要走16条街道的话，我会穿更舒服的鞋子。）从这一例句可以得知，英汉语言在主谓语序上存在明显的差异，具体表现为三点：第一，动词移位的差异；第二，英汉是否注重末端重量的差异；第三，扩展机制差异。

（1）动词移位的差异。

首先，在英语中，动词是可以移位的，这可以在英语陈述句与疑问句的转换中体现出来。相比之下，汉语中并不存在这一情况，换言之，汉语的陈述句与疑问句转换时位置不需要移动。例如：

a.She is Lily's mother.（陈述句）

她是莉莉的妈妈。(陈述句)

b.Is she Lily's mother？（疑问句）

她是莉莉的妈妈吗？（疑问句）

其次，有时为了实现某些语义需要，英语动词需要移位。在英语中，一些话题性前置的现象非常常见，尤其是表达否定意义的状语前置现象，将助动词置于主语之前，形成主谓倒装句式。但是在汉语中，这种语法现象是不存在的。例如，Rarely have I heard such a rude word from Tom.（我很少从汤姆那里听到如此粗鲁的话。）

最后，有时为了凸显语势，或者使描写更加生动色彩，往往导致动词发生移位。在英语中，这种现象称为“完全倒装”，这种倒装是为了满足修辞的需要，因此，又可以称为“修辞性倒装”，即将谓语动词置于主语之前，以此来抒发强烈的情感。例如，In came the Mayor and the speech began.（市长走了进来，然后开始讲话。）

（2）末端重量的差异。对于句子末端重量，英语是非常注重的，这可以 从两方面体现：一方面，英语中句尾往往放置分量较重的部分，然后再按照先短后长的顺序来组织句子，汉语则与之相反。例如，Inscribed on the wall are the names of those who left their homes in the village to travel to the United States.（那些离开村子里的家、去美国旅行的人们的名字被刻在了墙上。）另一方面，在英语中，当主语或宾语是较长的动名词、名词性从句、不定式等成分时，一般将这些长句的主语置于句子后半部分，主语用 it 来替换。但是在汉语中，并不存在这种语法现象。例如，It is very easy for me to pass the wooden bridge.（对于我而言，通过那个独木桥是非常容易的。）

（3）扩展机制差异。扩展机制是随着思维的改变，句子基本结构也呈现线性延伸，因此，又可以称为“扩展延伸”。从线性延伸的角度考虑，英汉采用不同的延伸方式，英语采用顺线性扩展延伸机制，而汉语采用逆线性扩展延伸机制。

第一，顺线性扩展延伸是从左到右的扩展，即 LR 扩展机制（L 代表 left，R 代 表 right）。英语句子的延伸体现出其句尾是开放性的。例如：① Steven has a dog. ② Steven has a dog which looks like the cat. ③ Steven has a dog which looks like the cat that stayed on the tree.

第二，逆线性扩展延伸是从右到左的扩展，即 RL 扩展。汉语句子的延伸，其句首是开放的，句尾是封闭的。例如，以上三句话用汉语语序表达为：①斯蒂文有一条狗。②斯蒂文有一只看起来像猫的狗。③斯蒂文有一条看上去像待在那棵树上的猫的狗。

3. 英汉句子重心差异

在句子重心上，英语句子一般重心在前，汉语句子则与之相反，即重心在后。换言之，英语句子一般将重要信息、主要部分置于主句之中，位于句首；汉语句子一般把重要信息、主要部分置于句尾，次要信息、次要部分置于句首。英汉句子重心的差异主要体现在以下方面：

（1）原因与结果。在英语句子中，人们往往将结果视作句子的主要信息、重要部分置于句首，再对原因进行分述，是一种前重后轻的思维方式。相比之下，在汉语句子中则恰好不同，人们往往先陈述具体的原因，结尾部分才陈述结果，是一种前轻后重的思维方式。如同中国的戏剧，总是用最精彩的部分压轴。例如，We work ourselves into ecstasy over the two superpowers treaty limiting the number of anti-ballistic missile systems that they may retain and their agreement on limitations on strategic offensive weapons.（两个超级大国签署了限制它们可保留的反弹道导弹系统数目的条约，并达成了限制进攻性战略武器的协议，因此我们感到欣喜若狂。）原句中的 we work ourselves into ecstasy 是整个句子的结果，从结构上而言，英语原文将结果置于句首，然后陈述原因。而在汉语译文中，将“我们感到欣喜若狂”这一结果置于最后，前面是对原因的陈述。

又如，生活中既有悲剧，文学作品就可以写悲剧。Tragedies can be written in literature since there is tragedy in life. 分析汉语原句，显然前半句为因，后半句为果，不能将两个半句对调过来。英语句子中要想将两个半句连接起来，必须借助于连词，因此 ，since 的出现就满足了这一要求，即将结果置于前端，用 since 引出解释的原因。

(2) 假设与前提。在英语复合句中，假设置于前提之前，作为主句出现；相比之下，在汉语复合句中，一般前提置于假设之前。例如：① The United States could be effective in both the tasks outlined by the President—that is，of ending hostilities as well as of making a contribution to a permanent peace in the Middle East—if we conducted ourselves so that we could remain in permanent contact with all of these elements in the equation. 如果我们采取行动，便于能够继续与中东问题各方保持接触，那么我们美国就能有效地承担起总统提出的两项任务，即在中东结束敌对行动与为这一地区的永久和平做出贡献。②小国人民敢于起来斗争，敢于拿起武器，掌握自己国家的命运，就一 定能够战胜大国侵略。The people of a small country can certainly defeat aggression by a big country，if only they dare to rise in struggle，dare to take up arms and grasp in their own hands the destiny of their own country.

在表达假设上，英语句子往往比较灵活，但是重心是不会发生改变的，始终置于主句之上。在①句中，The United States could be effective in both the tasks 是一个假设，充当了整个句子的主句，处于重心的位置，后面是对这一假设的解析，属于条件句。由此可见，英语句子是前重心句子。相比之下，在表达假设上，汉语句子的语序往往比较固定，如①句中按照汉语句子的特点，译文先将条件列出来，再摆出假设条件；②句按照英文句子的特点，译文先将假设列出来，再对前提条件进行列举。

（三）语篇差异的影响

1. 英语的语篇模式

语篇段落的组织模式也就是段落的框架，即以段落的内容与形式作为基点，对段落进行划分的方法。通常而言，英语语篇的常见模式有包含以下内容：

(1) 叙事模式，这种模式是依据一定的时间顺序对事件发生过程进行记叙的一种语篇模式，它要求对叙事角度予以确定，通常采用第一人称或第二人称，同时还要将何时、何地、何事、何人、为何等方面的内容交代清楚。

(2)概括-具体模式，这种模式多见于文学著作、社会科学、自然科学语篇中。概括-具体模式的宏观结构划分主要包含以下两种：

第一，概括与陈述→具体陈述 1 →具体陈述 2 →具体陈述 3 →具体陈述 4 →……

第二，概括与陈述→具体陈述→更具体陈述→更具体陈述→……→概括与陈述

(3) 主张－反主张模式。一般情况下，在主张－反主张模式中，作者先提出一种被广为接受或某些人赞同的主张或观点并予以澄清，再提出自己的主张或观点，也就是提出反主张。

(4) 匹配比较模式，这种模式多见于对两种事物的异同点的比较。

(5) 问题－解决模式。问题－解决模式的程序是：先说明情况，对出现的问题做出反应，采取的反应可能解决了问题，也可能没有或没有完全解决问题，最后对此做出相应评价，这些基本程序并非固定不变，其顺序一般会随机变动。

上述五种组织模式之间可以相互融合与包含。从整体上而言，英语语篇模式的特点主要包括：第一，语篇模式的展开一般是先综合，再分析，从一般到特殊；第二，语篇展开分析非常注重理性和形式，结构一般比较严谨，层次清晰，语篇的重心位置以及焦点往往是固定的。

2. 汉语的语篇模式

在英汉两种语言中，语篇的叙事模式、主张－反主张模式基本相同。汉语语篇的段落组织模式有其自身特点，主要体现在以下两个方面：

(1) 汉语语篇段落的重心位置与焦点虽然通常出现在句首，但有时也可能会出现在段尾。例如，你将需要时间，懒洋洋地躺在沙滩上，在水中嬉戏。你需要时间来享受这样的时刻：傍晚时分，静静地坐在海港边上，欣赏游艇快速滑过的亮丽风景。以你自己的节奏陶醉在百慕大的美景之中，时不时地停下来与岛上的居民聊天，这才是真正有意义的事情。在本例中，段落的重心与焦点是“真正有意义的事情”，位于段尾。

(2) 汉语语篇的段落组织重心和焦点有时并不直接点明，甚至也可能没有焦点。例如，坎农山公园是伯明翰主要的公园之一，并已经被授予绿旗称号，它美丽的花圃、湖泊、池塘和千奇百怪的树木则是这个荣誉的最好证明。在这个公园，您有足够的机会来练习网球、保龄球和高尔夫球；野生动植物爱好者可以沿着人行道和自行车道游览。在本例中，段落组织的重心和焦点没有直接点明。

二、跨文化交际中的文化差异

在英语教学中，中西方文化差异现象普遍存在，并成为学生学习的难点之一。了解这些文化差异，有利于促进学生的语言学习。下面主要从思维模式、价值观念分析英语教学跨文化交际中的文化差异。

（一）思维模式差异的影响

思维模式是人们通过推理、分析来对外界世界进行感知。由于文化背景不同，中西思

维模式也存在较大差异。

1. 直线思维与螺旋思维

英语的思维线路呈直线型，受此影响，英语通常直截了当，表达出鲜明的态度。英语习惯直接表达，而且他们的立场前后一致，不会掩盖事实，不使用无关信息。英语文章常是直线展开的，切入主题后就直接陈述段落的中心思想，再利用数据的支撑，从多个方面对主题进行论述，最后是结论。

汉语的思维方式是曲线螺旋结构，这一思维模式的特点包括：第一，就语言的思考与运用而言，常重复使用某些词语或句式；第二，就行文方式而言，文章开篇一般会用概括性、笼统性的表达。段落中常涉及一些与文本其他部分关系不大的信息。在文章中，作者大多是进行委婉的陈述，并不会将自己的观点或意见直接表述出来。汉语的语言表达态度较为模糊，模棱两可，在语言表达时，通常将思维发散出去后还会再收回来，回归到原点。受这一思维模式的影响，汉语的表达一般不直接切入主题，而是反复围绕一个问题展开，最后总结，这与英语文章有明显的不同，在英语教学中，教师应引导学生注意区分。

2. 抽象思维与形象思维

在形而上学思维的影响下，英语习惯抽象思维，即人们以概念作为基础，对事物进行与现实物象相脱离的判断。英语的思维模式具有抽象性、分析性的特点。受这一思维模式的影响，英语擅长对概念进行抽象表达。

汉语善于形象思维，即人们通过与外部世界的客观事物形象产生联系，加之头脑中的固有物象，展开思考与总结。受这一思维模式的影响，汉语擅长对概念进行具体表达。

3. 整体思维与个体思维

英语具有个体思维，强调应先分析部分，然后知整体，先分析小的方面，然后分析大的方面。

汉语具有整体思维，整体是由部分构成的，要了解部分，需要对整体进行把握，即从整体看问题，反对以孤立的态度看问题。

4. 认知思维与伦理思维

西方文化发源于沿海地区，受海洋性、开放性地理环境的影响，西方的航海业、工商业非常发达，因此，形成了以探索自然奥秘为目的的传统思维。西方人对大自然非常敬畏与憧憬，并且充满好奇心，这就引发了人们对大自然无穷的探索。自然是一个独立的对象，人类的本性在于求知，人类的目标在于认识真理。探索真理的过程就是找出对象产生与发展的原因，这就是西方的认知型思维。万物的存在都有原因，这个原因主要有两种：第一，有限事物的原因，这是具体科学的任务；第二，无限事物的原因，这是哲学的任务，属于第一原因。随着自然科学的发展，西方人不断排除各种主观臆断与猜测，通过探索发现自然界本身的原因，对自然现象予以解释，从物质或对象的内部结构来阐释其属性，从而产生基于实验的各种推断与说明，也逐渐形成了科学理论体系。

汉语的伦理型思维方式使先人将伦理、道德视为视觉焦点，汉语并未将自然独立出来，而是将自然纳入人文意识中，汉语向来追求人伦政治而忽视自然意识，其焦点集中于伦理、道德。

由此可知，英语的思维是科学认知型，对人的判断往往取决于其行为与表现；汉语的思维则是伦理型，对人的判断往往取决于其身份。因此，英语看重个人奋斗，汉语看重人际关系。西方社会以处理人与自然的关系作为其发展的动力，推动了自然科学的发展，这属于科学文化；中国社会以人际关系的改变作为改朝换代的契机，从而建立新的政治体制，开创新的历史篇章，这属于人文文化。

5. 逻辑实证性思维与直觉经验性思维

（1）西方逻辑实证性思维。逻辑思维通过人千百万次的实践，在人的意识中以逻辑的格式固定下来。逻辑思维是一种必然的而不是偶然的思维，是前后一致的而不是自相矛盾的思维，是有条理、有根据而不是随性臆断的思维。逻辑思维是人们在认识世界上错综复杂的各种事物时，借助概念、判断、推理等形式，依据逻辑的发展来反映现实的一种特殊过程。逻辑思维是人类独有的一种理性思维方式，是人类在长期探索大自然的过程中形成的抽象认知形式。通过实践，人类形成了概念，进而获得了推理、论证等能力。由此可见，逻辑思维是人对客观世界的一种稳定性的主观认识，是一种思想层面的反映，是人类认识世界的必要过程与阶段。

西方思维传统注重科学、理性，重视分析、实证，因而必然发明并借助逻 辑推理，在辩论、论证和推演中认识事物的本质和规律。西方的逻辑实证性思维具有的特点包括：第一，有限性。逻辑思维正确可靠的推理过程包含有限的步骤，是一个有限的过程，所以逻辑思维具有有限性。第二，有形性。逻辑思维在形式上具有有形性的特点。逻辑思维中的一系列定理、规则、表现都可以进行简化，使用一些明确的逻辑符号来表示，这就是逻辑思维的有形性。人们在运用逻辑思维思考问题的时候必须遵循这些规则。第三，顺序性。逻辑思维以有序的思考方式提出问题并验证、解决问题，它的每一步都有严格的时间渐进顺序，概念—判断—推理的过程是不能跳跃前进的，即使在推理的省略式中，其省略的部分也是思维者心中自明的。第四，条理性。运用逻辑思维研究问题，逻辑思维的规范性表现在其内部，也表现在其所具有的检验与反思功能上。逻辑思维可以对假说进行论证，可以对科学认知结果进行证明，不过这些都需要建立在准确的推理与论证基础上，经过严密、可靠的分析，最终得出真理性的认识。

（2）中国直觉经验性思维。人作为独立的个体，所产生的直觉具有突然 性，但这种感觉并不是偶然出现的。直觉形成的原因与条件是十分复杂的。

①产生某种直觉的前提条件是积累某方面的知识内容。个体只有 积累了丰富的经验与知识，才能形成某种直觉，这种知识不仅包括实践知识，而且包括专业知识。所谓知识积累，指的是人们在经过反复实践的基础上所形成的认知内容，这些内容储存在大脑皮层

上，久而久之生成一种更深层的下意识，形成相应的经验认知模型。认知模型指的是一定的认知运作程序、学科知识组合、经验知识组合的方式。

②直觉是在内在机制的促进下形成的。内在机制是主体在某一个问题的刺激下，思维处于高速运转状态，并在此状态下对该问题进行多方位、多层次、长时间的考察与研究，但并不能解除自己的疑惑，从而处于一种十分困惑的状态下。

③直觉的出现依赖于一定的情境，个体处于某一特定场景中，对某一种现象进行观察，或者是因为主体受到了某种突发性的压力，进而导致思维出现了极大的波动，于是就产生了直觉。直觉思维往往利用灵感、静观、体认等方式来观察事物，缺乏严密的逻辑思考，可以直接、快速地对事物从总体上进行把握，产生一种整体观念。换言之，直觉思维重内心体验、重直观内省，缺乏实验验证、缺乏实际论证。由于直觉思维缺少了很多中间的重要环节，因此可以较快获得认知结果，但存在较大的偶然性，准确性较差。从理性角度而言，直觉思维是一种超越理性与感性的内心直觉的观察方法。

尽管直觉有其生成的条件与情境的差异性，但也有一些共同特征:

第一，全局性。直觉思维的全局性特点非常鲜明，主体运用直觉思维在认识和把握事物的过程中不只局限于对某一个层面的了解，而是站在局外，对事物有全面、全局的认知。从直觉生成的角度来分析，其他主体对相关问题进行多方位、多层次的认识与长期的知识积累之后，在特定状态下激发大脑所产生的，进而导致主体对某问题形成了一个全面的、整体上的认识。

第二，瞬间性。在对有关问题思索的量的积累的基础上会产生质的飞跃。 这种质的飞跃是一种渐进过程的中断，在瞬间发生了思维级别的跃进，具有 思维时间上的突现性、短暂性，思维空间上的跳跃性、广阔性。

第三，重组性。直觉得以生成，基础是主体对有关问题进行认知，并最大限度地积累知识，在此基础上对积累的知识进行重组。在这一过程中，主体将特定情境中下意识中的模块与当期情境中的状态进行比较，进而在瞬间做到重组。由此可见，这种重组并不是将两种模块进行机械的、简单的叠加，而是一种有机组合。主体将自己以往所形成的认知模块与当前的情境状态进行整合与筛选，形成一个新的序列，使主体的思维在瞬间由一种混沌、杂乱的状态升华到有序的状态。

（二）价值观念差异的影响

价值观念是人们心目中对于万事万物的相对比较固定的、成套的评价、看法或价值评估体系。中西价值观念差异在英语教学中也经常会遇到，渗透于听、说、读、写、译各项教学活动中，因此，教师应注意引导学生学习 这些差异，从而提高学生的英语学习效果。

1. 个人主义与集体主义

英语文化提倡独立自主的个人主义观念，强调个人权利的维护，提倡平等，追求自由。英语文化对个人隐私尤为看重。在日常交际中，英语一般不会谈及比较私人的话题，如年龄、收入、财产、疾病等。值得注意的是，西方个人主义是受法律约束的，并不意味着为所欲为，也不代表个人利益高于一切。

汉语文化的价值观属于集体主义价值观，认为个体是群体网络中的一部分。群体之间逐渐形成一些为各方均认可的价值观念和道德准则，如集体主义、对群体的依赖性等。对于个人与集体关系的处理，汉语文化往往首先考虑集体利益，坚持“小家服从大家，个人服从集体”原则。此外，人们尊敬长者和有地位的人，懂礼让，维护上下尊卑的社会秩序。汉语对人际关系非常看重，在与别人交谈时，常会涉及一些个人的私事。

2. 求变心理与求稳心理

受个人主义价值观的影响，英语文化倾向于“求变”。大多数英语不满足于已取得的成就，不甘受制于各种条件的限制。他们在意的是变化、改善、进步、发展与未来。正是因为具有求变的心态，因此，英语非常喜欢另辟蹊径，热衷于冒险探索，这使西方社会一直处在创新的氛围中。

集体主义价值取向使汉语文化形成了求稳的心态。在中国社会，大家(国家)、小家(家庭) 都希望稳定和谐。一个社会不可能是一成不变的，关键看为什么变、如何变、变得如何。纵观中国数千年的发展史都是在稳定中求生存、求发展、求进步的。汉语文化提倡求稳价值取向，国家始终将维持安定团结的局面放在第一位，强调稳定压倒一切，坚持发展是硬道理，这体现了中国文化的特质。

（三）时空观念差异的影响

在现实生活中，人们都具有时间、空间观念，然而这两个方面在中西方文 化中是存在差异的。不同民族中的人往往对时间、空间赋予了不同的意义。

1. 时间观念差异的影响

对于中西方国家而言，西方国家的人通常持有的时间观念是“将来观”，而汉语持有的时间观念往往是“过去观”。

美国的古代历史相对较短，仅有两百多年，欧洲大陆的人到达美洲大陆之后定居于此，在之后的岁月中深刻地改变了这块大陆的面貌，在发展过程中，他们形成了自己独特的文化风俗。由于美洲大陆的居民最初是来自欧洲的，因而所形成的美洲文化与欧洲文化在根源上具有一致性。美洲文化与传统欧洲文化存在一定差异，是对传统欧洲文化的一种改良。

在美洲大陆所形成的文化体系主要表现为独立和自主，每一个人都应该通过努力来实现自己的目标与理想，因为社会是平等的。英语文化认为时间一去不复返，是不能倒流的，人们不会抓住过去的事情不松手，而是将自己的精力更多地放在未来，提倡享受生活。西方人认为时间就是金钱，是十分宝贵的，因而在现实生活中每一个人都争分夺秒，不舍得浪费自己的宝贵时间。为了合理利用自己的时间，西方人在开始做事之前往往会先进行细致、周密的规划，以保证一项事情的顺利完成。

汉语文化在时间方面持有的观念是过去时间取向，因为大多数人都认为错失的时间是可以弥补的。中国拥有灿烂、悠久的历史文化，每一个人都不能忘本，不能遗忘历史，每一名炎黄子孙都应该以中国数千年的文明为傲，忘记历史就是一种“忘本”的表现，在这种思想的深刻影响下，人们牢记过去的仁义道德，用过去的标准来评判现代人的行为。虽然现代社会中的人们不再特别看重过去的历史，而是将心思放在未来的发展上，但不可否认的是，“过去”时间观念依然存在于人们的内心深处。

2. 空间观念差异的影响

空间观念是人们在历史发展过程中所形成的、与交际距离以及空间距离有关的一种约定俗成的规则，还包括人们在交往过程中所具有的领地意识。中西方民族在空间观念方面的差异主要体现在空间取向与领地意识两个层面。

（1）空间取向的差异。中西方文化在空间取向上具有明显的差异，空间取向是交际过程中交际双方所处的方位、位置等。以座位排放情况为例，中国人在谈判、开会时，往往会面对面就座，在一些严肃的场合更是如此。在上级批评下级的时候，上级坐着，下级往往隔桌站立；在学校的教室中，桌椅安排都是固定有序的，不会轻易改变，体现出严谨的教学风格。

与上述情况大不相同的是，英语的座位摆放更具有随意性的特点，他们在开会、谈判的时候往往呈直角就座，如果两个人在同一侧就座，那么就意味着这两个人的关系十分密切。此外，西方学校的教室里桌椅的安排不是固定不变的，他们往往会根据教学需要来摆放座位，这体现出一种轻松的教学氛围。

（2）领地意识的差异。在领地意识方面，中西方的表现是大不相同的，在隐私、领地被侵犯方面的差异尤其突出。受聚拢型文化理念的严重影响，中国人在日常生活中喜欢与人分享信息，这意味着人们在心理上所具有的隐私范围是比较小的。例如，在医院，护士可以随意出入病人房间。然而，西方人的隐私范围比较大，他们绝不允许护士随意出入病人的房间，他们认为这是一种严重侵犯他人隐私的行为，是不 许出现的。

第三节　跨文化交际中语言与非语言交际

在跨文化交际中，语言交际和非语言交际都是十分重要的交际手段。语言是人类交际的重要媒体。文化不同，语言内涵（语言文化知识）及其表达方式也就存在差异。非语言行为包括语言范畴之外的一切表现形式，不仅包括手势、体势、面部表情等行为手段，还包括人们话语的音高、音长、停顿、语调、语气等副语言手段，甚至还包括交际参与者的服饰和交际环境等。非语言行为有时是独立使用以表达思想含义的，有时则伴随语言使用。本章主要论述跨文化语境下的语言交际以及非语言交际，阐述两者的交际功能以及彼此之间的区别，同时还对跨文化交际的影响因素进行科学分析。

一、跨文化交际中的语言交际

语言是人类交际的重要媒体。语言与文化有着极为密切的关系。语言是文化的产物，又是文化的载体，它丰富并不断推动文化的发展。跨文化交际涉及不同的文化，而不同的文化造就不同的语言。① 文化决定语言的表达方式，而文化的内涵则需要通过语言的传递表现出来。不同民族的语言是不同民族思维的轨迹，体现了各民族的思维方式。

（一）语言的交际功能

语言是人们用来传递信息的基础而实用的工具。例如，“It is very cold outside”传递了“外面很冷”的信息；“I am hungry”传递了“我饿了”的信息。语言是人们建立关系的桥梁和纽带，因为语言可以设定交际的目的，表明交际的情感和态度，等等。语言还是人们进行交际的策略和手段。

1. 语言的审美功能

语言可以按照一定的规律进行灵活组合而产生语音、语义，甚至形态上的美感。例如，英语中的“Was it I saw ？”就蕴含了“w-a-s-i-t-i-s-a-w”的字母回环美。又如，英语句子“The crowds melted away”是“人群慢慢地散开”的意思，句中的“melted”（像雪融化一样速度缓慢）就具有含义美。

汉语也一样，如“品”是由三个“口”组成的，是原本可以一口吃（喝）完的东西分做三口来完成，是享受其质量内涵的意思，从而也引申出汉语词语“品味”。又如，汉语句子“僧敲月下门”，作者贾岛在用字上是经过反复斟酌的，最后选定“敲”。如果用“推”，在月夜推门，会让人觉得这个“僧”缺乏教养，对其产生行为“不端”的嫌疑，这与中国传统的“儒礼”相违背，因而，一个字上的斟酌让整个句子富含韵味。

2. 语言的识记功能

语言是人们在长期的生活实践中总结形成的意义符号系统，其形、音、义都具有一定的稳定性，因而，人们可以学习认知、记忆储存、输出运用，以便完成对事物、事件、行为、规则等信息的记录与交流传递。例如，学习汉语词汇“毛笔”，掌握了其读音“máo bǐ”，是一种用来进行文字信息书写记录的工具，并与其具体的实物相联系，完成对“毛笔”的学习认知过程，在以后的任何时候，见到该事物就知道其名称和功能，并随时可以用来传递相关信息。

① 陈媛媛.大学英语教学中跨文化交际能力的培养：从传播学的角度谈起[J].徐州教育学院学报，2008，23（2）：115.

3. 语言的表意功能

语言可以用来表述各种行为、事件、观念、关系以及观点表达等，用于构建社会群体间的社会关系，确立人们在一定群体范围内的位置和关系等。在交际过程中，交际含义会受到多种因素的影响和制约，因此，语言可以用来表现相互依赖的社会和文化含义，具体包含：表象意义（presentational meaning）、倾向意义（orientational meaning）和组合意义（organizational meaning）。

（1）表象意义。表象意义是对所指内容进行的陈述性、命题性、概念性、经验性以及主旨性描述所产生的意义。它表现的是时空概念、活动过程、交际环境、交际方式以及相互关系等，对事物进行定义、分类、归因等。例如，“town university”和“campus university”，“town university”是“无围墙的开放式大学”，“campus university”是“有围墙的校园式大学”。又如，“prime minister”可以分别译为“首相、总理、国务卿”等，分别体现不同的政治体制，“首相”是称君主制国家的政府首脑，而“总理”和“国务卿”则用于指称“总统制”“联邦制”或者“共和制”国家的政府首脑。

（2）倾向意义。倾向意义又称情感态度含义，是人们对会话的主旨内容进行关系、情感和评价所做出的位置确认和判断所形成的含义，它主要体现交际者的亲疏关系、社会地位和权势取向等情感态度，如承诺、乞求、威胁、警告、质疑等话语。例如，英语表达“She is pretty”和“She is beautiful”所表达的情感分别相当于汉语表达“她的脸长得漂亮”和“她长得漂亮”，“She is pretty”只表现说话者很欣赏“她”的外表，“She is beautiful”则包括“她”的外表和气质。

（3）组合意义。组合意义是体现语言单位个体和组合体的构成方式及其使用场合所形成的含义。词与词组、词组与句子之间的结构形式和含义，以及在各种修辞、语用场合下形成的含义。例如：① There is a taxi at the front door. 和② There is a man at the front door. 两个句子，说话人对听话人说，虽然只有一词之差，其含义却存在差异。例①可能是表示taxi（出租车）在那里，“是不是来客人了？”或者“是不是你叫的？”而例②可能是表示有个男人在那里，“是不是来找你的？”或者“那个人很可疑，是不是小偷？”等。

（二）语言交际的局限性

语言系统是由文化群体内部长期使用而形成的基本固定的声音符号和文字符号所组成的。

1. 结构性局限

语言是一种有声、有形又有义的符号系统，具有区别于其他符号系统的个性特征。语言是由声音和形式组合起来的意群符号，人们既赋予语言声音，又赋予其一定的形式。有声是便于近距离的口头交际，有形即是便于远距离的书面交际。例如，会话时的话语、联系远方亲人和朋友的信函，都是传递信息的媒介。在不同的文化群体之间，语言系统的差别很大，主要表现在声音、形式和含义三个方面：

第一，形式相同而读音与含义相异。在同一语系内，形式相同的语言，其读音和含义也有各不相同的。

第二，读音相同而含义与形式相异。例如，汉语中的“狗”与英语中的“go”发音相同，但意义却截然不同，一个是动物名词，一个是动作动词。又如，汉语中“雷”（读“léi”，意思是“由空气膨胀并沿着一定路径发生碰撞而产生闪电并发出强烈的隆隆撞击声的天气现象”）、“累”（读“lèi”，是因劳动或者活动消耗体力而造成的身体疲劳）和“累”（读“lěi”，是指在数量上的叠加），与英语中的 lay（读“lei”，意思是“横躺”“摆放”“铺设”等）虽然读音相同或者相近，但其意义却相差甚远，形式结构也存在差异。

第三，含义相同而读音与形式相异。语言的表达与理解往往隐含着交际者的情感、态度、目的等，因此，对交际会话的理解往往会因为交际者的理解角度、句读的定位等而存在一定的差异性。

2. 理解性局限

人们赋予语言一定的声音、结构模式和含义。在交际过程中按照一定的规律来进行声音和结构的组合，从而形成一定的意义。语言是一种约定俗成的意群符号，其含义具有一定的稳定性和延续性。人们可以通过学习掌握其形式、声音和含义。此外，语言还是一种可变的意群符号。语言不是天生的，是经过长期发展改进形成的符号系统。

汉字经历了由象形文到方块字体的发展历程，如“旦”字，是太阳刚出地平线的意思，象形文表示为⊙，后来定型为方块字体写作“旦”，词义也随着社会的发展有所变化。例如，英语单词“wife”，在古英语中写作“wif”，其含义与现代英语中“woman”的意思相当，指代的是与男性相对的一类人，而在现代英语中“wife”则是已经结婚成为某个男性的配偶的妇女个体。又如，英语单词“vile”在古英语中是“low birth”的意思，而在现代英语中则是“disgusting”的意思。

（三）语言交际的失误

语言的交际含义主要包括字面含义、话语含义、会话含义、说话人的语用含义以及听话人的理解含义等。从传统的语言学观点出发，语言是一种由语音、词汇、语法等要素构成的音义相结合的符号系统。由于语言交际符号具有鲜明的民族和地域属性，从而导致语言在词形、读音、表义等方面具有明显的差别性，因此，在交际过程中要特别关注，避免由语言交际符号的差异性导致的交际失误。

1. 语言的语音失误

任何一种语言都有自己独特的语音系统，英语是由元音和辅音拼读而成的，而汉语则是由声母与韵母拼读而成的，外加声调，对语音的把握程度也影响到交际的效果。外国人学汉语时既需要把握好读音，还需要掌握好语调，否则很容易造成交际 失误。例如，外国人很容易将“加油 [ji ā yóu]”读成“加肉 [ji ā ròu]”，是对汉语拼音的声母 [y] 和 [r] 把握不准；将“习惯 [xí guàn]”读成“西瓜 [x ī gu ā]”等，是对汉语拼音的韵母 [uàn] 和 [u ā] 把握不准造成。

2. 语言的语义失误

语言交际的特点之一是交际双方对词语的含义应有共同的约定，这是双方实现沟通的基础。但词义的内涵（connotation）和外延（extension）通常会受到民族文化的制约，表现的是某个民族特有社会文化背景下所形成的语义，具有鲜明的社会和情感特色。因此，不同文化背景的人对某一概念的理解与感受并不完全相同，有时甚至相反，这是导致跨文化语言交际障碍的原因之一。词语意义往往会打上民族文化的烙印，字面意思相同，而联想意义、搭配意义、社会意义等却常常迥异，或部分相同，或联想意义在各自语言中具有唯一性，主要包含以下方面：

第一，概念意义相同，而联想意义迥异。例如，“willow”（柳树）是一种非常普通的树，在中国和西方的文化，联想意义是完全不同的。在英美文化中，柳树常与悲伤、或失去爱人联系在一起，如“to wear the willow”意指为某人的死而哀悼，“in the willows”或“the green willow”意为因失去心爱的人而悲哀。但在中国文化中，柳树常被赋予分离、思念的联想意义，如《诗经》云：“昔我往矣，杨柳依依。今我来思，雨雪霏霏。”这些古诗词均借柳树来抒发作者的离别思念之情。由此可见，各民族由柳树所产生的联想意义是不同的。

第二，概念意义相同，而联想意义部分相同。例如，汉语中的“爷爷”和“外公”与英语中的“grandpa”就具有不同的联想意义。在传统宗族制度影响下的中国,“爷爷”和“外公”除了亲属关系的意义联想外，“爷爷”是血亲关系的祖辈，社会赋予其的传统道德责任更强，而“外公”是姻亲关系的祖辈，社会赋予其的传统道德责任比“爷爷”要小、要轻。英语中的“grandpa”没有汉语中由于血亲和姻亲所产生的强烈的联想意义，而只是一种亲属关系的意义联想。

第三，概念意义相同，而在各自的语言体系中其联想意义具有唯一性。由于地理环境的差异以及气候和自然条件的制约，一些动植物在一国非常普遍，使人产生丰富的联想，而在另一国却相对稀少，几乎没有什么联想意义。例如，在英语中,“oak”(栎树) 象征“勇敢顽强”，“palm”（棕榈）象征“胜利”，“daffodil”（水仙）象征“春天”和“欢乐”，产于北美洲“beaver”（河狸）是“卖力气的人”，这些词在汉语中几乎没有联想意义。与此同时，在汉文化中，牡丹国色天香，象征的是“富贵荣华”；“出淤泥而不染，濯清涟而不妖”的荷花象征的是“清廉正直”，这些词在英语里没有类似的联想意义。

3. 语言的语用失误

跨文化交际中的语用失误可以分为“语用语言失误”和“社交语用失误”，这两种失误是一个连续体（continuum），处于这一连续体两端的例子才有明显的差别。

(1)“语用语言失误”。“语用语言失误”是由于母语的干扰而对目的语表达的内涵意义缺乏透彻的理解。例如，当英语初学者听到“Thank you!”时，因受母语汉语的习惯性表达“没关系”的干扰而回答说：“Never mind.”这里所犯的错误属于“语用语言失误”。回答者误以为英语中的“never mind”相当于汉语对“谢谢”的答复“没关系”，是错误的，“never mind”在英语中是回答赔礼道歉的用语。

(2)“社交语用失误”。“社交语用失误”是缺乏对跨文化交际中语言行为得体性的了解。例如，在听到对方赞扬的话语“Your English is very good”时，人们往往受汉语客套习惯的影响而用“No，no，my English is very poor”来回答，其所犯的错误则属于“社交语用失误”。按照以英语为母语的人的交际习惯，得体的回答一般是“Thank you”，这里是由于回答的人不知道英美人得体表达的标准。

“语用语言失误”易于克服，因为它属于可以传授的惯用法，而“社交语用失误”难以克服，因为它不仅涉及语言知识，而且还涉及个人的价值观。

二、跨文化交际中的非语言交际

（一）非语言交际的特点

一切不使用语言进行的交际活动统称为非语言交际（nonverbal communication)，包括眼神、手势、身势、面部表情、服装打扮、沉默、身体的接触、人际距离、讲话音量、时间观念、对空间的使用等。非语言交际包括在交际的环境中人为的和环境产生的对于传播者或受传者含有潜在信息的所有的刺激。非语言交际的特点表现在：

第一，多变性。非语言交际没有正式的规则和模式，没有固定的结构，需要综合分析周围的情况才能确定非语言交际所表达的意义。因为没有一套具有明确意义的符号，在不同的文化和交际过程中，相同的符号可能表示不同的意义。例如，用拳头打某人，有时表愤怒，有时表激动，有时表悲伤，有时表绝望，有时还可能是表喜爱、亲昵等。由此可见，打人这一动作要根据不同的交际情景来分析，不能简单将其定性为某种意义。

第二，鲜明性。在科学技术高度发达的今天，非语言行为的鲜明性随处可见。在机场、铁道边和高速公路上，用标示鲜明、一见就懂的符号发出各种指令，指挥交通，用清晰的图形标志来代替文字说明，这种方式更为简洁、直观、鲜明，人们理解起来也比较易懂。

第三，持续性。非语言交际是持续不断的，不受时间的线性特征制约。语言的信号是从口里发声而开始，声音结束即结束的；而非语言交际则可以延续到只要某人在周围，交际就不算结束。

第四，隐含性。非语言行为的隐含性在许多场合得以体现。例如，人们在做游戏或交谈时，使眼色或者打手势等都是比较隐蔽的非语言交际行为，这种传递信息的功能是语言行为无法替代的。

第五，普遍性。非语言交际的多种形式可以跨越不同文化而得到认可，它可以超越文化、民族和国家的范围，成为国际社会公认的交际手段，这一特点是语言交际所没有的。

不同文化的人们在表达高兴、气愤、害怕、惊奇等时有着共同的面部表情，哪怕体育比赛中裁判的动作都可以不需要翻译而被各个民族的观众理解。

第六，辅助性。非语言行为在交际中起着重要的作用，但是，不管非语言在交际中的作用有多大，其结构有多简单，使用范围有多么广泛，非语言行为都不能与语言相提并论，非语言交际处在辅助的从属地位。

由此可见，当语言和非语言信息相冲突时，非语言交际是更受信任的形式。由于语言交际能够有目的地用来欺骗，所以人们将更多的信任置于非语言的暗示中。虽然非语言行为也能蒙上假面具，但除经过特殊训练的人以外，一般不易有意控制，有时甚至完全处于无意识之中，如害羞时满脸通红、害怕时脸色苍白、手脚发抖，特别是心跳、体温、呼吸速度、瞳孔缩小和身体战栗等都比其他动作更难以控制。因此，非语言行为相对而言更为真实和可信。

（二）非语言交际的功能

当人们发出或接收信息时，语言和非语言的交际往往在同时进行。在与语言交际的联系中，非语言行为通常具备以下功能：

第一，重复功能，它可以单独起作用，重述交际信息。例如，当给人指路时，在口头指出后，再用手势等指明方向，这就是一种重复。又如，在买包子时，可能会说要两个包子，同时伸出两个手指，表示“两个包子”。此时，非语言信息与语言信息相互重复。在讲授汉语生词和句子意思时，教师用汉语讲过之后，如果学生不能很好理解，可以适当用非语言手段来重复生词或句子，从而达到预期的教学效果。

第二，抵触或否定功能。有时，非语言信息与语言信息不一定相一致，语言传达的并非真正的信息，而非语言行为传达的反而才是真正的信息。例如，有的人口头说：“我一点儿也不紧张。”而他的声音及手却都在发抖，这种情况下，人们往往倾向于更相信非语言信息。因此，教师的非语言手段表达的信息应尽量与语言信息保持一致，不然很容易误导学生，因为学生在不理解该语言时，可能会依靠非语言信息，这时，非语言信息与语言信息的一致性至关重要。

第三，补充或辅助功能。非语言是语言沟通的辅助工具。非语言行为可以对语言行为起到修饰和描述作用，它伴随语言而出现，能使语言表达更准确、更有力。在领读英语生词或纠正学生的发音时，教师可以边读，边用手势标调，这样可以借助手势来辅助教学。

第四，替代功能。在某些特定场合，不能或不便用语言发出信息，此时，往往用间接、曲折、较隐晦或委婉的非语言方式来代为传达某种信息。例如，在中国古代，主人对客人不耐烦时，就用倒扣茶杯的方式下逐客令；在西方面试时，考官对应试者不满意，则故意装出坐立不安的样子，要么擦眼镜片，要么开始剪指甲。在英语课堂上，非语言行为可以作为掌控课堂的重要手段，在学生喧闹时，教师可以将食指放嘴巴前，做出“噤声”的手势，学生便能很快领会教师的意思，并安静下来。

第五，强调功能。强调功能主要用来强调语言信息或其他非语言信息的特别或重要之处，运用非语言手段使语言的内容更加鲜明、突出，这里的非语言手段同语言手段的内容是一致的，共同表达一致的内容。作为教师，每节课的重难点要加以强调，语言上的强调可能会引起学生的反感或者产生畏难情绪，不妨通过非语言手段，更能达到让学生掌握的目的。

第六，调节功能。交谈时，人们常常以手势、眼神、头部动作和停顿暗示自己要讲话、已讲完，或不让人打断。非语言交际可以帮助调节人际交流时产生的来往信息流，调整对话的节奏。例如，英语国家的人讲话一时想不出恰当的词句但又不打算终止发言时，常会发出一种声音分隔信号“Uh”或“Unh？”，同时用手抚摸下巴，表示“正在思考”，不让人打断。又如，在两人对话中，有一方常常以点头、改变语调、拍对方的肩膀等暗示对方继续说下去或住口，从而起到调节两人之间交流的作用。

（三）非语言交际的分类

1. 非语言交际的体态语

体态语是用身体动作来表达情感、交流信息、说明意向的沟通手段。包括各种面部表情、人的姿态、手势以及其他非语言手段，如皱眉、张嘴、摇头、眨眼等。常见的体态语有：

（1）点头和摇头。汉语一般习惯于用点头来表达“同意”或者“是的”“正确的”的意思，而用摇头来表示否定的意思。在日常交谈中，许多人都直接用点头或摇头来表达意义，而不使用语言。点头和摇头就是一种最常见的非语言交际。

（2）身体姿势。身体姿势也是一种非常常见的非语言交际手段。例如，中国人伸出大拇指表示称赞，弯腰、鞠躬表示礼敬，将食指竖立置于嘴唇前面表示噤声等，这些都是常见的非语言交际手段。

（3）面部表情。面部表情也是一种常见的非语言交际手段。许多人的喜怒哀乐都可以通过面部表情来表现。例如微笑一般表示高兴，哭泣一般表示悲哀，当然，喜极而泣又是一种例外。

（4）身体接触。例如，拥抱、握手、击掌、摸脸等都是非常实用的非语言交际手段。

2. 非语言交际的时间语

用时间表达出的信息符号称为时间语，它研究的是人们对准时、及时、延时，时间的早、晚、长短，过去、现在、将来等概念的理解。在沟通的过程中，时间像脸部表情或举手投足，是会说话的。人类认知的时间可以划分为正式性时间、技术性时间和非正式时间三种。第一，正式性时间是时间的区分单位，根据太阳与地球的运转关系，人们将时间划分为世纪、年、月、周、日、时、分、秒等计算单位；第二，技术性时间是非专业或非业内人士很难了解的意义，如回归年、恒星年、近点年与交点年等术语，对一般人而言较为陌生；第三，非正式时间是人们生活的时间，它来自人们对正式时间的认知，如时光飞逝、岁月如梭、消磨时间等。

3. 非语言交际的空间语

用空间表达出的信息符号称为空间语，它研究的是交流者之间的距离、位置的安排等方面。空间语可归纳为三种：固定空间、半固定空间与非正式空间。第一，固定空间就是设定之后，无法再度移动的空间，如学校、办公楼、教学楼等；第二，半固定空间是那些可以移动，但不常去移动它的摆设，如教室、办公室等；第三，非正式空间是围绕人们身体的空间，这种空间无论人们走到哪里，就会跟到哪里，也就是人们沟通时所占有的空间或距离，通常包括亲密距离、个人距离、社交距离与公共距离四类。

4. 非语言交际的副语言

副语言是人类沟通时声音、声调或音色的使用与变化，是伴随语言的一切声学现象，如呻吟、哈欠、咳嗽、大笑、哭与叫喊，又如说话时气喘，嗓子沙哑或者整句话带鼻音，某个字音拉得很长，压低嗓音打喳喳，说话不连贯等都是副语言。

从宏观的角度而言，非语言交际包括非语言活动、非语言行为及非语言途径所涉及的所有因素。非语言交际发生在交际过程中，包括从事交际的双方。换言之，并不是任何一个动作都是非语言交际，而且非语言交际既可以是有意识的，也可以是无意识的。但不论是哪一种，都必须包括潜在的信息，都必须表达一定的意义。

（四）非语言交际中的文化冲突与避免方式

跨文化非语言交际中造成文化冲突最主要的方面在于各国家、各地区、各民族之间的文化差异。这种差异主要有四种特征：第一，表达的含义相同，但非语言行为动作可能不同；第二，同样的非语言行为，不同文化有不同的理解，导致含义不同；第三，在一些文化中具有的非语言行为，在其他文化中没有；第四，在有的文化中，只传达出一种含义的非语言行为在其他文化中可以表达多种含义。如果不了解交际对象的非语言交际方式，或者对此不够重视，那么势必会造成文化的障碍和冲突。

要使得跨文化非语言交际获得成功，可能会面临很多挑战，因而要重视非语言交际的效能，恰当地与来自不同语言和不同文化背景的人交流。首先，持有求同存异的态度，尊重其他民族文化，尊重别人的文化规范和价值观，在文化中寻找共性，尊重文化差异；其次，清楚了解自身非语言交际的特点，审视自己所持的态度，了解自身的非语言交际风格，并适当控制自我的非语言表达的行为；再次，排除自我的文化优越感，为对方考虑，把自己放进对方的文化背景中，去体会他们的感受；最后，让非语言交际为语言交际起到很好的辅助作用，却不能过分夸大非语言交际的功能，更不能使之完全取代语言的交流。

此外，还应当认真倾听并理解对方的语言，并做出适当的反馈。

三、语言交际与非语言交际的区别

语言交际与非语言交际的区别主要表现在以下五个方面：

第一，语言是后天习得的，非语言交际的手段既有本能，也有后天习得的。例如，哭笑以及一部分表情；有些手段则是后天习得的，例如一些手势、姿势、副语言手段、服饰以及对时间和空间的利用等。

第二，语言交际使用特定的符号，而非语言交际却没有一套具有明确意义的符号。英语使用 26 个字母和用字母组成的词，字母和词是表达概念的符号。汉字是汉语的表意符号，同样具有明确的意义。在非语言交际中尽管也有许多类似符号的表意手段，但是并不是每个动作在不同文化中都具有同样的意义。在英语教学课堂上，教师应充分考虑到同学们的文化背景，不做一些容易被误解的非语言行为，要尽可能地采用被普遍接受的非语言行为。

第三，从神经生理学的角度而言，在从事语言交际与非语言交际时，使用的大脑“半球”不同，在从事语言交际时大脑的左半球在进行工作，负责处理语言刺激，做信息分析和推理，而非语言刺激如空间的、画面的和完形的信息则是由大脑的右半球处理。在英语课堂上，教师讲授的不仅仅是语言知识，更是展现一个民族的文化、一个民族的思维方式。一个优秀的英语教师，要对学生开展多种形式的教学，让学生感受到不同形式的刺激，学习语言也是开发智力的过程。

第四，语言交际遵循语法规则，具有严谨的结构，非语言交际却没有正式的规则和模式，没有固定的结构，因此，要正确地理解非语言交际行为往往需要综合分析周围的情况。例如，一个人用拳头打另一个人，既可以是表示愤怒，也可以表示亲昵的关系。又如，人们会因悲伤、激动而啼哭，但也可能莫名其妙地哭。在英语课堂教学上，第一节课可以规定一些与学生之间的肢体语言，学生看到教师的这个动作，就知道教师的意思，方便了课堂管理，增加了师生之间的默契度。

第五，语言交际在讲话的时候进行，在停止讲话的时候中断。讲话一般总是时断时续的，因此，语言交际是非连续性的。非语言交际与此不同，它是连续不断的。在英语课堂上，当教师走进教室，就已经开始了非语言交际，教师的衣着、举止、表情都在向学生传达着信息。

第二章　英语教学及其体系构建

第一节　英语教学理念及其特点

一、英语教学的理念

（一）以学生为中心的教学理念

在我国，传统的英语教学是以教师为中心的讲授式教学，学生在学习知识的过程中是被动的、机械的，他们的真实需求经常得不到重视，会对英语教学效果产生较大的影响。因此，教师在教学过程中应体现出学生的主体地位，以学生为中心，让学生发挥自己的主观能动性，从而获得良好的教学效果。

但部分学校仅有有限的教学成本，而且会统一安排教学计划。因此，为了让学生在教学过程中从有限的教育成本里尽可能获得最大收益，需要使人力、资金、时间成本与学生的发展和需求达到平衡。

在教学过程中，以学生为本并不代表学生可以决定一切教学因素，尊重学生也不代表要满足学生的一切需求，让学生进行主动学习也不代表学生可以以自己的所有意愿为准。教学中以学生为本，要始终以为社会输送优秀人才为目标，要使用合理、科学的人才培养方式。一方面让学生的心理和身体得到健康发展，满足学生的合理需求；另一方面分析现代社会的人才需求，所有的教学活动要根据教学计划逐步进行。

在教学过程中做到以学生为本以及尊重学生的主动性，并不意味要弱化教师的作用，这种教学方式反而更强调教师所发挥的作用，教师的引导和组织作用与学生获得的学习效果以及在学习中的投入性和主动性有着紧密联系。这要求教师必须不断在教学中反思，分析学生是否充满学习的积极性、学生是否在教学活动中充分发挥潜能以及学生的学习效果等。因此，在教学过程中应做到以学生为本，教师所规划的学习目标必须符合学生需求，既要引导学生，也要鼓励学生，让学生的学习责任感更加强烈。

1. 以学生为中心的特点

(1) 学生表现方面的特点。课堂上以学生为主体进行教学，学生的表现主要包括以下方面：

①学生需要在一定时间内保持注意力的高度集中。只有学生在课堂上集中注意力，才能凸显其作为主体的优势。课堂教学中，学生只有集中精力，才会积极地聆听教师的讲解，并对其讲解的内容产生一定兴趣，积极地与同学、教师展开交流和合作，主动进行学习反馈，等等。

②学生和教师以及同学之间需要加强合作与交流。强调以学生为主体的课堂教学，有利于积极推动学生主动思考教师提出的问题，并予以独立解决；能够提出自己的观点和想法；可以积极地上台进行展示；主动参与到小组讨论中，并分享自己的成果，加强和小组成员之间的合作，及时反馈自己的问题；对培养学生的责任感、积极性都是非常有利，有利于学习任务的完成。

③强化学生参与学习活动的积极性和热情。强调以学生为主体的课堂教学过程中最显著的特色是有利于学生学习积极性的激发。在课堂中遵循以学生为中心的原则，会促进学生参与学习活动的兴趣和热情，使学生主动参与小组学习、课堂讨论、自主学习和教师提问等各种教学活动。

(2) 教师表现方面的特点。要在课堂中强调学生的主体性，需要教师做到以下方面：

①鼓励学生，并引导学生相互尊重。要在课堂中强调学生的主体性，需要教师给予学生一定鼓励，激发学生参与学习活动的兴趣和热情，鼓励学生表达自己的观点和看法，促进学生之间进行合作和沟通，使得课堂教学更加具有趣味性，同时充分尊重学生和肯定学生。

②有效调控学习活动的开展。课堂教学中强调学生的主体性，有利于教师合理地调控学习活动，表现在以下方面：

第一，保证学习活动能够围绕学习目标而展开。在课堂教学中，强调学生的主体地位，教师应该根据实际需要提供表格、记录单等工具，从而确保学生能够依据一定的步骤完成学习任务，促进学习目标的实现。

第二，保障学习过程有序开展。课堂上强调学生的主体地位，有利于教师顺利地完成教学任务。进行课堂教学组织时，教师应该制订合理的教学计划，按计划实行，从而取得较好的教学效果。如果不可避免地出现突发情况时，需要教师具备灵活调整学习活动的能力，并有效引导学生按照学习计划进行学习活动，以确保学习目标的顺利实现。同时，教师还要把控整个课堂纪律，以便学习活动的顺利进行。

第三，根据学生的反应灵活调整教学。英语课堂教学中难免有一些和学习计划相背离的情况发生，若是教师充分重视学生的主体地位，则应该及时对教学计划进行调整和改进，灵活应对各种课堂突发情况。

第四，给学生提供明确的、合理的反馈。教师尊重学生的主体地位，能够更加重视学生的问题和疑惑，并予以正确对待，帮学生答疑解惑，让学生可以及时获得反馈。

(3) 课堂环境方面的特点。课堂教学中强调学生的主体地位，营造相对轻松、愉悦的课堂环境，将有利于学生的自主学习和合作探究，并具有以下两个方面的特点：

第一，物理硬件环境的布置使学生产生主人翁意识。课堂教学中以学生为中心时，可以将桌椅进行圆桌式摆放，有利于学生之间的合作和交流，加强学生的学习资源共享，等等，对提升学习效果具有意义。同时，为了强调学生的主体地位，教室中的其他环节布置也应有所变化。

第二，丰富的学习资源和学习工具有利于促进学生的学习。课堂教学中以学生为中心，有利于激发教师采用多种学习工具和学习资源，提高学生的学习效果，并将使用目标和使用方法传授给学生，有利于学习活动的顺利开展。

2. 以学生为中心的教学对策

学生是课堂学习的主体，主体是“有认识和实践能力的人”，由此可知，学生能够作为学习的主体，是因为他们具有一定的认识和实践能力。在英语教学中，教师要让学生通过感官获取来自教材的各种信息，并学会对这些信息进行比较、分析、综合、概括，进行去粗取精、去伪存真、由表及里、由此及彼的思考，抓住事物的本质，发现事物内在联系，从而归纳出事物的规律，确立科学的知识系统。经过这一过程，学生不仅学习了英语知识，培养了英语交际能力，而且可以在学习过程中培养出自主和独立学习的能力，学会独立解决新问题。由此可见，学生学习的过程是不断主动丰富自己的主观世界、不断完善自己的内化过程。

(1) 尊重学生。教育顺利开展的一个重要前提是教师能够充分尊重学生的个体差异，如此才能让教师的教学活动更加具有针对性，从而促进学生身心健康发展。因此，教师要获得较好的教学效果，必然要以尊重学生为基础。

①尊重学生的个性发展。目前，国内非常重视学生的素质教育，是根据学生的个性发展所提出来的一个教学目标，两者是密不可分、相互作用的关系。因此，英语教学必须建立在素质教育基础之上，既要重视能力培养，也要重视德育意义。英语教学过程中，以下两个原因会影响教师能否充分尊重学生的个性化发展需求：

第一，个性是素质教育的重要出发点。现代化社会的发展，使得各个领域对人才的需求有了新的变化，需要在教育中加强人才的品质教育，而传统的教育理念无法满足这一需求，为此，个性化教学应运而生，为新型人才培养奠定理论基础。

第二，个性倾向性影响个体的素质发展。人们的内在驱动源于个性倾向性，也是组成个性发展的核心内容，并对学生的追求产生决定性作用。

②尊重学生的主体地位。英语课堂教学应该充分尊重学生的主体地位。教师的一切教学活动都是以学生为中心，对激发学生的主体作用也有积极意义，为英语教学效果的提升创造有利条件。个性化教学需要建立在以学生为中心的教学基础上。只有这样，教师才能充分把握学生的个性差异，激发学生的自主意义，从而促进学生综合素质的提升。

③尊重学生的自尊心。在人类的所有行为中，自尊心的渗透性最为强烈，会直接制约

人们的各种行为。换言之，若人缺乏自尊心和自信心，认知和情感活动都难以取得胜利。

(2) 培养学生的语言综合运用能力。教育领域对于语言综合运用能力的实质并未进行明确规定，需要基于英语教学目标的阐述，对语言综合运用能力实质进行理解和认识。对学生的语言综合运用能力进行培养，也是国内英语教学的主要目的。随着学校阶段的不同，其英语教学目标也有所不同。但是，英语教学目标都是基于学校策略、语言知识、语言技能以及文化意识的培养之上，以此提升学生的语言综合运用水平。由知识、技能、学校策略、情感态度和文化意识五个层面体现出学生的语言综合运用能力可知道，对学生的语言知识、语言技能、语言学习策略等能力的培养是教学的主要目标，还要强化学生的情感态度和文化意识的树立。

①着眼于学生的全面发展。学生语言综合运用能力包括知识、技能、学习策略、情感态度和文化意识五个方面。在教育过程中，既要重视培养学生的英语知识和技能，也要促进其学习策略、情感态度和文化意识的发展。英语教育的主要目标是促进学生的全面发展。学生全方位的提升是教师开展教学的切入点。

英语教学要遵循以人为本的原则，为此，英语教学的主要目标不应局限于培养学生的语言知识能力，更重要的是基于学生的全面发展进行教学活动。英语教学既要培养学生的英语综合能力，也要对学生的精神世界进行关注，充分体现出教学中的人本主义，发挥学生的主体作用，让学生形成正确的价值观和人生观，并培养学生的社会责任感，也是学生终身学习习惯产生的前提和基础。

第一，教师应该坚信学生的学习潜能是无限的，任何一个学生都具备独特的个性和特长，充分肯定学生的差异性。和以往不同的是，现在的学生个性更加突出，独立性更强，思考问题的角度也具有一定的独特性。英语教师只有先和学生建立良好的师生关系，充分尊重学生，才能有效培养学生的英语综合运用能力，让学生主动参与教学活动中，并将学习情况积极反馈给教师；也便于教师了解学生的内心感受，激发学生的内在潜能，促进英语教学效果的提升。

第二，教师要注意营造和谐、轻松的课堂教学氛围造，在教学中充分尊重学生个性，关心爱护学生，加强与学生的合作和交流。因为教学在一定意义上是一种交际过程，和谐的课堂氛围有利于教学过程的顺利开展，甚至能够比一种好的教学方法更为重要。而和谐的课堂气氛是实行情感教学的最关键之处。

②以掌握语言技能为主要目的。语言教学的最终目的是为了利用这一语言进行交流，为此需要先掌握一定的语言技能。听、说、读、写技能的培养是语言技能培养的四个主要方面。

③不可忽视语言基础知识。虽然英语教学的主要目标是为了促进学生对语言技能的掌握，但是并不代表可以忽视语言基础知识的作用。事实上，语言基础知识学习在一定程度上制约学生语言综合运用能力的提升。英语教学首要工作是进行语言输入，只有具备一定的语言基础知识，才能更好地进行语言技能的培养。因此，语言基础知识教学的作用不容被忽视。

④重视学生的心理因素。教师应该充分关注和了解学生的心理变化，为教学效果的提

升创造有利条件。因为学生的心理素质将在很大程度上制约学习效果的提升。从学生的全面发展来看，心理素质的影响不可小视。

⑤注重学习策略的培养。学生对学习策略的掌握将影响其英语综合运用能力的提升，因此，对学生的学习策略的培养也是教学中的一个重要问题。教师应该充分尊重学生的个性特征，使得学习策略的培养更加具有针对性和效率性。

(3) 培养学生的思辨思维。我国高校大学生对于英语学习的目标和方向各不相同，大一、大二的学生侧重于学习英语基础词汇、短语、语法等基础性知识，以培养良好的英语学习方法为首要目的；大三、大四的学生则是在夯实英语基础的同时，继续深入学习专业知识，增强知识储备量，培养对中英文化差异的认知能力。英语专业的学生普遍拥有较高的认知能力，甚至远超英语教学大纲要求，因此，传统的英语学习并不有助于提高他们的思辨能力。语言的学习是不同文化的学习，英语的学习是对于英语国家文化的学习，外语学习可以帮助学生多角度打开思维和学习能力，体验世界各国文化，对比中外文化差异，拓宽学生判断问题的能力与角度，促使学生更好地看待本土文化和本国语言。

因此，只有广泛了解多国文化，深入学习各国人文思想，才能帮助学生理性客观地反思我国文化，认识到不同国家之间文化的差异。学生通过多元化的文化交流和文化学习，将其他国家好的文化思想进行吸纳和借取，摒弃不好的文化思想，充分发挥自身长处和独特性，最终建立起自己的文化素养和文化观点。

（二）激发学生学习动机的教学理念

英语的学习离不开学习动机的培养和诞生。拥有强烈学习动机的学生，通常拥有明确的学习目标和高涨的学习热情，也更能在日常学习中克服许多学习困难，最终取得满意的成绩。

1. 学习动机的类别

(1) 深层动机与表层动机。根据刺激－反应理论，将学习动机划分为深层动机与表层动机两大类。深层动机指学习者为了满足自己的兴趣、增加知识等深层次的非物质层面需要而刺激产生的动力；表层动机指为了获得高薪、文凭、好的工作等表面物质层面的需要而刺激产生的动力。

不同的学习者拥有不同的学习动机和不同的学习目标。拥有深层动机的人对英语学习有着饱满的动力与热情，他们会对自身提出较高的学习要求和学习目标，并且采取非常全面、规律且合理的学习方法进行英语学习。拥有表层动机的学习者主要是为了表面物质的获取而临时产生对学习英语的兴趣，他们会利用有限的时间进行学习。

(2) 内在动机与外在动机。英语学习还可由内在动机与外在动机决定。内在动机取决于对英语这门学科本身的求知欲，外在动机取决于外在因素的需要。拥有内在动机的学习者能够始终独立自主地学习英语，自发性地投入英语的学习过程而不受任何外界因素干扰。因为他们自身对英语充满兴趣，愿意学习这门语言；拥有外在动机的学习者通常是被迫学习英语，出于外在因素的需求和外界压力的刺激，他们是被动性地开展英语学习。两个动机有本质上的区别。

(3) 任务型动机与结果型动机。英语学习还能由任务型动机和结果型动机决定。任务型动机指由完成不同任务而激发出来的学习动机，结果型动机指由任务完成后取得的结果和成就激发出来的动机。任务型动机对于任务的提出有一定要求，学习者在每个阶段要接受不同的学习任务，不宜过难也不宜过于简单，才能有利于提升学习者对英语学习的乐趣。结果型动机是结果导向性的动机，学习者对英语学习的动机完全取决于最终将会带来怎样的结果。

2. 学生学习动机的对策

(1) 教师遵守教学原则。在教学过程中，教师激发学生的学习动力，一般要遵循六大教学原则：①培养学生学习动机，激发学生的学习热情；②尽量提高课堂质量或者教学素养，吸引学生的注意力；③掌握一定社交技巧和策略，合理使用管理手段；④鼓励学生在课堂上进行互动交流与合作，促进学生间互相学习；⑤以让学生能够欣赏、充分理解且将英语知识运用到实践为最终教学目的；⑥高度重视学生对英语学习的期望和学习动机带来的价值。

(2) 树立学习自信心。自信心表现为个体对自身的评价、态度和认识，对于外语学习有激励作用，是进步的基础和成功的动力，可以从六个方面树立学生的信心：①教师制订切实可行的，能够促进学生学业进步的教学计划；②帮助学生树立正确的学习目标，并认识到努力与成果之间的关联性；③为水平较低的学生提供额外帮助；④帮助学生正确对待失败综合征；⑤重视学习过程的评价和指导性的反馈；⑥帮助水平低的学生树立有适当挑战性的目标。

(3) 激发学生外在动机。学生学习的外在动机，一般是源于外部环境因素，例如学生的家庭教育、学校的竞争氛围、教师和家长的期许以及社会众多因素等，都能给学生带来进步的动力。然而，这些外部环境因素带来的学习动机都不是长久的，容易动摇，因此，还要从其他方面加强学习动力，具体包括：①对学生在学习上取得的进步进行表扬；②在学生的学习过程中多给予评价；③引导学生充分认识外语这门工具的价值和重要性；④为每位学生提供公平的竞争环境和合理的竞争机会。

(4) 激发学生内在动机。教师在教学实践中应该采取以激发学生学习的内在动机为主策略，才能长久地促进学生积极学习、自主学习，并且使学生从学习本身甚至长期的学习过程中收获成就感与满足感，始终满怀对学习的期许和兴趣，具体包括：①教师应该培养学生提高自主学习方面的能力；②教师要在课堂上随时提供具备一定难度和技巧的学习任务，多角度满足学生的能力提升需求；③教师在课堂上开展需要合作才能完成的学习任务，让学生的归属感得到满足；④教师对于教学活动的一切设计，以满足学生兴趣为前提条件；⑤教师要注重培养学生动手和动脑方面的能力。

(5) 满足学生个体需求。每个学生都有不同的喜好和需求，都有自己擅长的领域和感兴趣的方向，因为不同的家庭环境、教育背景、生活环境、社会等因素都有可能造就出学生的个体化差异。差异使得学生对于学习的需求不尽相同。作为教师，要在最大限度上尽可能地满足每位学生的不同需求，让每位同学都能够发挥自身特长与个性，在各自感兴趣的领域充分发挥作用。教师也要从长远利益上把控，以服从长远利益为原则，充分满足学生个体需求。

二、英语教学的原则

（一）英语教学的兴趣性原则

兴趣在英语教学中发挥着至关重要的作用。因此，教师应意识到兴趣的重要性，在教学中多借鉴其他优秀的教学方法去唤醒学生的情感，激发学生学习英语的积极性，这样，学生就能更加自觉地进行英语学习。调动学生的兴趣可以通过以下方式着手：

1. 尊重学生主体性

我们必须认清教育的本质，了解教育是一种主动的过程，同时教师也应该放下固有姿态，认识到这样一个事实，那就是英语课堂的主体是学生，只有学生主动地、自觉地进行英语学习，英语教学才能取得不错的效果，学生的英语学习能力才能有所提高。

基于此，英语教师要在总结学生生理与心理特点的基础上，在剖析与遵循英语学习规律的前提下，采用多样的教学方法激发学生的兴趣，让学生主动学习，主动参与英语实践互动。

2. 深度挖掘教材

教材依然是教师开展教学活动的主要辅助性工具，教材中涉及丰富的、系统的知识，教师在备课过程中，需要将教材中可以引起学生兴趣的内容挖掘出来，这样学生在学习时就能感受到无限乐趣，也就更加愿意学习。

例如，教师可以为学生创设英语教学情境，将师生在日常生活中的问候对话搬到课堂上，使英语教学变得日常化，这些简单的、熟悉的对话能让学生产生共鸣，所以当其用英语来表述时也会相对来说容易一些。正是在熟悉的场景中开展英语对话，学生才能放松心态，其英语应用能力才会有所提高。

（二）英语教学的系统性原则

英语教学本身就是一个复杂的系统，包含非常多的内容，因此，在教学过程中，教师要明白一件事情，那就是英语教学过程不可能一蹴而就，它需要循序渐进，只有从整体上出发，在把握系统性原则的基础上，才能够保证英语教学的有序性。而要遵循系统性原则，教师就需要做到以下两个方面：

第一，系统安排教学的内容。英语教学内容的安排并不是随意进行的，它需要教师按计划进行。教材的编排从一开始就确立了其系统性，编排者在总结教学规律与学生学习规律的前提下编排教材，为教师与学生提供了一个鲜明的结构层次，换言之，教师根据目录结构编排内容，本身就遵循了一定的教学规律。在英语教学过程中，教师对于生词和新的语法，不需要一次性地讲解给学生听，而是要由浅入深，这其实也是系统性的展现。而教学内容的安排需要以教学的系统为指导，内容安排才会更加科学、合理。

第二，系统安排学生的学习。学习活动虽然琐碎，但是若从宏观上来看，可以发现，任何学习活动到最后都具有一定的系统性。因此，教师要帮助学生进行连贯的学习，让学生可以从系统的角度构建自己的英语知识结构体系。因为学生的学习意识与学习习惯养成并不容易，这就需要教师一定要有恒心，不仅在课上要时刻对学生的学习做出合理的安排，而且在课下也能对学生的学习做出恰当的安排。

另外，有些学生没有认清平时学习与期末学习的关系，教师必须帮助他们清楚认识这一关系。必须让学生明白，要想在期末获得不错的学习成果，必须在平常加强学习。学习是讲究方法的一件事情，因此，当学生陷入学习的困境时，教师要及时对其进行指导，帮助其形成适合自己的学习方法。

（三）英语教学的持续性原则

在完成初级阶段的英语学习之后，学生还要向更高级别的英语学习阶段迈进，因此，在英语教学中，教师就要坚持可持续发展原则，不能急于求成，要帮助学生打牢基础，才能使其向着高阶学习阶段迈进。由此可见，要实现持续性原则，教师可以从以下方面着手：

第一，做好知识的正迁移。遗忘是学习任何知识都不可避免的问题，因此必须通过巩固来习得语言知识。但是，仅凭消极的巩固往往得不到满意的效果，教师要在教学中培养学生的英语实践能力，也就是在发展中达到巩固，以巩固求发展。而巩固性和发展性需要在概念同化、知识和技能的迁移中体现出来。因此，高校英语教学中应尽可能地通过各种方法锻炼学生知识正迁移的能力，以便学生更好地掌握英语。

第二，培养学生学习英语的正确态度。具体而言，教师应该重点培养学生积极的、勇敢的学习态度，重要的是要让学生了解学习英语是一件快乐的事情，可以让他们在享受中学习英语。在英语学习的过程中，学生不可避免地会遇到一些问题，当问题出现之后，教师要鼓励学生自己去探究，要培养其克服困难的意志，树立其学习英语的信心。

（四）英语教学的主体性原则

学生是英语教学的主体，这给英语教师以启示，在开展英语教学活动的过程中，教师要秉持以学生为本的教学理念，选择教学方法也要从学生的需求出发，只有这样，英语教学的有效性才能实现。教师要为学生创造更加优越的学习环境，帮助学生排除一切影响其学习活动的干扰因素。总而言之，教师所有的教学决定都需要从学生的实际情况出发。

教师在教学活动中起到主导作用，这种作用主要体现在教师能帮助学生加快学习的进程。当学生在学习英语的过程中遇到问题时，教师首先要让学生自己探寻答案，而当学生真的无法解答时，教师要给予其思路，从而使其可以顺利解决问题；而当学生在学习过程中出现学习焦虑心理时，教师这时就需要对其进行心理疏导，以增强学生学习英语的信心；而当学生取得不错的成绩时，教师除了要对他们的成绩给予肯定之外，还要对其进行鼓励。

主体性原则要求教师要以学生为中心，不仅在课堂教学上尊重学生，而且在课下也要关注学生的思想与学习动态。教师在进行备课时，不能仅仅依靠教材，而是要考虑学生的学习诉求，要先听听学生的想法，这样所制订的教学计划才能顺利实施，预期的教学目标才能实现。

（五）英语教学的多样性原则

1. 课程设置的多样性

当前，英语课程设置相对比较固化，英语语言基础知识类课程占据了英语课程的重要位置，可见，这种单一的课程设置对于培养学生的综合应用能力是非常不利的。

为了改变这一现状，各高校应该多开设一些新的课程，如英美社会与文化、英美文学欣赏等，这些课程既丰富了英语课程体系，同时也开阔了学生的视野，让学生有更多的渠道了解英语，熟悉英语国家的文化。多样的课程让学生占据主导性，学生可以根据自己的爱好与兴趣进行选择，而学生的自愿选择能在一定程度上激发其学习英语的积极性。

2. 教学模式的多样性

传统英语教学长期以来在教学模式上都未做出真正的改变，教师讲 - 学生听的模式已经延续至今，但是时代在发展，英语教学也并未停止前进的步伐，这就给英语教学模式提出了新的要求。

随着信息时代的不断发展，信息技术的发展为英语教学模式创新提供了技术支持，多媒体教学、翻转课堂教学、移动课堂教学等新的教学模式不断涌现，让英语课堂变得多元化。基于信息技术的教学模式在一定程度上拓展了英语教学的空间，教师借助互联网可以搜集到更多的教学资源。同时，这种教学模式还极大地改善了学生的学习情况，不仅丰富了学生的学习内容，最重要的是，还为学生提供了更加多样的学习形式。

在互联网的支持下，学生的学习活动相对变得比较容易，教师利用互联网下载文字、音频、视频等资源，为学生营造一个多样的学习环境，通过对学生进行多感官刺激，让其找到自己喜欢的教学方法，从而可以调动其英语学习的热情。在新的教学模式下，学生在学习活动中的角色也发生了明显的变化，学生不仅是自身学习任务的设计者，而且也是学习活动的合作者与评估者。

教师在学生学习活动中的作用依然不能忽视，教师要引导学生如何正确地学习，帮助他们培养自己的学习个性，形成良好的学习习惯。

3. 课堂活动的多样性

英语教学是教师与学生双向互动的过程，互动应该成为英语教学改革者与英语教师关注的重点。克拉申（Krashen）的可理解输入假说就强调了课堂互动的重要性，这给英语课堂教学互动提供了理论依据。在英语教学过程中，教师也应该以这一理论为基础安排学生的学习活动，多设计一些可以让学生充分参与到教学中来的活动，多样的活动不仅能加深学生对所学知识的理解，而且还能培养学生的组织与协作能力。

课堂活动的形式不限，教师可以根据教学内容进行合理选择，可以是大班形式，也可以是小组形式，只要能激发学生的学习欲望，能让学生意识到学习的乐趣，任何课堂活动形式都可以被引入到英语课堂中来。需要说明的是，最好的课堂活动是既能保证学生英语知识的“输入”，也能保证知识的“输出”，也就是能培养学生的综合应用能力。

4. 评价方式的多样性

英语教学的评价方式是要倡导多元评价，可以不同的评价方式进行整合，以实现评价的最优化，如可以将形成性评价与终结性评价结合起来。评价也应该有所侧重，不能单纯地将英语基础理论知识作为评价的重点，要将文化知识及应用等相关内容纳到评价对象体系中来。

需要注意的是，评价应该是从多个层面展开的，教师不是评价的唯一主体，学生也要参与评价，可以是对自我的评价，也可以是同伴之间的评价。学生之间的互评不仅能让学生通过他人角度了解自己的学习情况，而且还能加强彼此之间的联系，维护关系的和谐。可见，多种多样的评价方式可以让学生置身自由、和谐的学习氛围中。

考核形式也不应固定、单一，可以采用将开卷考试与闭卷考试结合起来的方式，也可以采取将笔试与面试结合起来的方式，相对来说，面试可能更加符合英语的特点，教师与学生可以面对面直接交流，但在实际评价过程中，这种方式很少为教师所使用。在具体运用何种评价方式进行评价时，教师要灵活选择，可以让学生进行个人阐述，也可以让其采取小组讨论的形式，甚至可以采取答辩的方式，但无论使用任何一种方式，教师都要从学生的实际情况出发，在了解学生学习情况与个人特点的基础上选择合适的评价方式，以保证评价的科学性、合理性。

另外，还需要注意的是，在设置命题时也应该保证命题的多样性，要给学生提供多样的题型，既能保证不同学生可发挥的空间，也能在较大范围内考查学生的学习情况。

（六）英语教学的输入优先原则

在英语教学中，教师还要遵循一定的输入优先原则。输入就是指学生通过听力与阅读训练而获得英语知识的形式，一般来说，输入的数量、质量与语言输出成正比。输出是指学生通过口语与写作进行英语表达的形式，输入与输出之间虽然“走不同的道路”，但是二者之间也存在必然的联系，输入是输出的前提与基础。因此，教师在英语教学中要优先进行语言输入。

通常而言，教师在英语教学中遵循输入优先原则，可以从以下方面着手：第一，保证输入内容与形式的多样性。要为学生多选取一些题材新颖的材料，让那些能够展现社会发展的材料成为学生材料库的一部分，这也是英语教学与时俱进的表现。同时输入的形式不能仅仅局限在文字上，声音、视频等可以成为输入形式。第二，要鼓励学生对纯正的英语发音多进行模仿。由于长期置身汉语环境，学生很少有机会学习纯正的英语发音，因此，教师可以为学生提供一些英语纯正发音的音频，让其在下课之后进行模仿练习。为了保证练习的效果，教师可以对学生进行分组，让其在小组范围内进行模仿，一旦学生出现语音上的问题时，其他学生就可以帮助其改正，这样就能保证了学生的英语发音学习效果。

三、英语教学的过程

教师在设计教学时，要考虑教育价值理念、英语学习机制和英语内在知识结构与语言技能发展的逻辑，这三个维度是教师在进行教学过程设计时不可缺少的。换言之，教师在设计或开展教学活动的过程中，要考虑到教育目标、知识内在逻辑和语言技能发展的适切性，以及学生英语学习规律的适切性。只有在这三个方面都兼顾的情况下，才能保证英语教学过程的整体适切性，恰当促进学生成长。当然，英语教学在这三个方面都有自己的理解。

（一）重视教育价值理念

从时代所要求于人的规格与特质而言，英语教学改革的育人观应与其他各学科教育或教育活动的育人观有共通性的一面，也有其独特的理解。当代我国教育中课堂教学的价值，需要从单一传递教科书上呈现的现成知识，转为培养能在当代社会中实现主动、健康发展的一代新人，这里之所以将教学三个层面价值观作为教学过程设计及展开的基础，教师所要秉持的思维支点之一，便在于为教学过程找到一个最根本的价值核心，将教学过程的目的与整个英语教学改革保持理念上的共通，同时又兼顾学科个性。

（二）建立英语学习机制

科学的英语学习机制的建立是英语学习效率高和成功的重要保证。反之，英语学习效率不高，则往往与学习机制存在问题有关。学习机制有问题，学习就会失衡，英语学习时间和物力消耗不少，但学习效果却不高。这种情况在英语学习中相当普遍，说明英语学习实践同其他任何人类实践一样，必须有一定的理论指导。

在英语学习中可以采用多种形式、多种方法并交替使用，使大脑所接受的刺激经常变化，使大脑总是受到挑战，处于兴奋状态，学习才有高效率可言。从这个意义上说，英语学习中的各种方法都是可以使用的，关键取决于这种方法能否刺激学生的思维，是否用得适度。对于翻译法、直接法、听说法、阅读法、交际法、认知法及语法学习、结构学习、功能学习、话语学习等，都要持科学态度，或综合使用，或变换使用，使之各司其职，各得其所。

英语学习一方面同感觉、知觉、表象、记忆、思维、联想等密不可分；另一方面又时时受到动机、兴趣、信心、情感、意志、注意等的制约，同时学生的个性对学习也有重要影响。例如，在生理方面英语学习是大脑左右半球的协调活动，在心理方面英语学习也应该是智力和非智力因素的协调活动。在学习中各种因素充分发挥积极作用，学习效率就会提高，一个因素出问题，学习效率就会降低。作为完整心理活动的英语学习，还包括知识、技能和熟练技巧。三者的统一与转化有两点要求：第一，要通过内在的理解、意会和领悟；第二，要靠外在的操练、练习和实践。理解、意会、领悟、操练、练习和实践是同步发展和提高的。由此可见，提高英语学习效率的重要途径之一，就是保持外部动作和内部心智的统一，使英语学习心理活动的完整性体现于各方面。

（三）遵循语言内部结构与原理

以往在语法大纲的理念指导下，英语教学过程逻辑基本都是遵循从简单到复杂、从具体到抽象的顺序进行安排的。英语教学过程仍然强调英语教学要遵循知识的内在结构与逻辑。例如，阅读学习的基本程序是：字母认读、音节拼读、单词拼读、词组认读、句子认读、句组认读。读的单位逐渐加大，读的速度逐渐加快，阅读理解逐渐加深，阅读目标逐渐提高。又如单词拼读学习的基本程序是：元音、辅音单独读，再一起读，整体拼读，快速整体拼读，自动化闪电式整体拼读。拼读的技能一步比一步熟练，拼读的目标一个个实现。因此，随着学习顺序的明确，学习目标自然也更明确和具体，学生对于英语学习活动的驾驭也因之更加容易。

四、英语教学的特点

第一，英语教学形式增多。当前，教学方法和教学模式不断增多，“分类指导”“多元化培养”等教学思想越来越成熟，英语教师在教学模式和教学思想的指导下，不断更新教学形式，使英语教学呈现出多样化的特点。

第二，英语教学内容不断优化。在当前新常态发展下，各类高校的英语教学内容得到全面提升，由原有的以语言为主的教学形式必修课向以注重教学内在为主要形式的选修课过渡；英语教师不再以提升学生英语语言技能为唯一教学目的，而是更多地关注如何提高学生英语技能方面。

第三，英语教学方法和教学方法更加丰富。科学技术飞速发展，大学英语教育者也应该与时俱进，充分利用多媒体进行教学，不断在教学方法中融入新颖的教学元素，如微课、翻转课堂等。在新常态下，大学英语的教学思想、教学方法、教学内容等，要顺应当前信息化发展趋势。

第四，大学英语教育者迎来新的挑战。当前，对大学英语教育者提出了新的要求，大学英语教师不仅要有较强的教学能力，还需要具备一定的科研能力。教师在教学能力方面应该具备的能力包括：英语专业理论知识；英语技能；调整教学方法和形式的技能；改变教学思维认识和能力；等等。此外，大学英语教师为了进一步提升英语教学效果，增强学生整体素养，需要持续完善个人的知识积累、提升授课技能，进而让学生能够依靠英语技能在毕业之后得到更多的机会。

第二节　英语教学的策略与设计

一、英语教学的策略

（一）英语教学的一般策略

1. 教学组织策略

课堂组织是成功完成教学任务的主要任务之一。掌握必要的课堂组织的技能和方法去安排课堂活动，处理课堂问题，这一系列教学行为的手段构成了课堂教学中的组织策略，它涉及教师的角色、课堂活动的组织和控制、教学模式和方法的选择等。

2. 教学激励策略

激励策略是动机成功的前提，是直接推动学习的一种内部动机，它包括学习意向的选择，学习者积极参与，兴趣的保持和能力的持久等。激发学生的热情，学生积极参加课堂活动是有效教学的保证。激励策略就是激发学生学习兴趣，保持学生参与学习活动的方式方法。激励的方法很多，包括比赛环节、教师的榜样、奖励和惩罚等。

3. 教学提问策略

提问策略是常见的课堂交互活动。问题的提出，教师对学生回答的评估，以及对回答过程的控制，决定提问的成功与否。

要做到有效提问，必须重视提问策略。提问策略可分为计划策略、问题设计策略、控制策略、评估策略。

（1）计划策略。计划策略用来指导教师备课过程中对问题的准备，帮助教师确定提问题的目的、提问的内容和问题的组织，对学生在回答中可能遇到的问题进行预测和准备适当的解答方案。

(2) 问题设计策略。问题设计策略指帮助、教授有效发问的方式和技巧，包括：如何对问题进行简化、调节、追问、激发思维和增加挑战性等，使问题清楚易懂，符合学生的特点，有利于学生思维培养。

(3) 控制策略。控制策略是保证提问过程顺利进行的方法技巧，常见的有：排序、等待、提问、指向、全方位注意、对不主动学生的诱导等。

(4) 评估策略。评估策略是评价学生回答的方法，常见的有表扬、引用、身体语言、鼓励等。课堂评估是课堂教学不可或缺的一部分，应该纳入正常的课堂教学中。评估以学生自评为主，教师指导为辅，将评估与听说读写的教学相结合。评估策略的作用在很大程度上与课堂教学的内容有关，与学生的具体情况有关。

（二）英语教学的课堂组织策略

课堂组织是课堂教学的生命，课堂教学的成功离不开组织策略的有效使用。课堂活动由三部分组成：教学、管理和评价，这就要求教师不仅要具有驾驭教材的能力，还要有控制课堂的能力，即组织课堂和管理学生的能力，其中管理制约着教学和评价的有效进行，具有促进和维持的功能。

1. 课堂教学

课堂教学策略的产生主要有两个途径：一是专家学者的研究成果为教师理解和接受，在此基础上形成具体的教学策略；二是教师的教学工作经验经过提炼和升华，普遍化为一定的教学策略。

2. 课堂管理

课堂，是学生学习的主要场所，是教学活动进行的主渠道。课堂管理是教学的重要组成部分之一，教学效率的高低离不开课堂管理的好坏。所谓课堂管理就是指教师通过协调课堂内的各种人际关系从而有效实现预定教学目标的过程。课堂管理是开展教学活动的基石，是有效教学的重要组成部分。课堂教学效率的高低，取决于教师、学生和课堂情境三大要素的相互协调。

有效的课堂管理，要创设愉快的气氛，协调好各种人际关系，使整个教学过程对师生双方的心理及行为产生良性的影响，使教学活动顺利进行。课堂管理始终制约着教学和评价的有效进行，具有促进和维持的功能。促进功能是指教师在课堂里创设对教学起促进作用的组织良好的学习环境，满足课堂内个人和集体的合理需要，激励学生潜能的释放以促进学生的学习。

有效的课堂管理能促进师生及学生之间的对话和信息交流，从而促成学生知识经验的获得、心智的开启、能力的发展，以及教师课堂教育教学质量的提高。维持功能是指在课堂教学中持久地维持良好稳定的内部环境。良好的课堂环境有助于外在控制向内在控制转化，为学生形成自律心理机制创造条件，使学生的心理活动始终保持在课业上，以保证教学任务顺利完成。教学和课堂管理是相互作用、相互影响的。课堂管理的目标是争取更多的时间帮助学生自我管理以取得最佳的学习效果。

3. 课堂评价

课堂评价是教育评价的重要组成部分。现代教育评价认为，教育评价以教育活动满足社会与个体需要的程度作为价值判断的准则，对教育活动现实的或潜在的价值做出判断。教育评价是一个过程，评价不是一次性活动，而是一个连续性的、动态过程。概括而言，所有构成教学活动的基本因素都应当是教学评价的对象，教师、学生、教学内容、教学手段和教学环境等都属于教学评价的范围。

由于教师和学生是整个教学过程中最活跃、最积极的因素，因此，在教学评价中，重点是对教师和学生的评价。英语课堂教学改革明确要求教师在教学过程中应与学生积极互动、共同发展，要处理好传授知识与培养能力的关系，注重培养学生的独立性和自主性。教师应尊重学生的人格，关注个性差异，满足不同学生的学习需要，创设能引导学生主动参与的教学环境，激发学生的学习积极性，使每一个学生都能得到充分发展。这一要求构成一个课堂教学全新的平台，对课堂教学也要采取相应的评价策略。

二、英语教学的设计

（一）英语教学设计的原则

1. 遵循系统性原则

系统性原则要求教学内容的安排，教学要求的逐步提高和完成，应有一定的顺序和系统，要引导学生逐渐地、不间断地掌握知识和技能。知识和技能是逐步积累和培养而成的。新的知识和技能是在旧的知识和技能基础上获得的，比较高的技能只有在最基本的技能基础上才能获得。只想培养较高的技能而忽视基本功的训练是达不到目的的，但仅仅停留在基础阶段，而不向较高的方面去发展，也不能完成学校的培养目标。

为此，研究各年级的练习体系是个十分重要的问题。科学的练习体系与提高教学质量有着密切的关系。一门课程的系统知识和技能只能通过长期、逐步、点滴的努力取得，而不是依靠短时期集中突击可以生效的。否则即使暂时取得某些极不牢固的知识和技能，也很快就会遗忘消失。因此，这就需要教师在教学中坚持系统性原则。要遵循系统性原则，应从四个方面着手：①教学内容的安排要有严密的计划和顺序。②教师应该有计划、有步骤地进行教学工作。③指导学生系统连贯地进行学习。④要注意各年级语言材料、知识、技能之间的衔接。

2. 遵循真实性原则

真实性原则是为了提高英语教学质量、教学效率和教学成绩，英语教师应该对教育因素的真实内涵，尤其是英语教育的真实目的、学生的真实学习目的和动力、真实学习兴趣与真实学习困难和真实的英语学习动机等有所把握，并保证英语教学中的语义、语境、语用材料、教学过程、教学设计、教学设计和技巧以及教学技术等因素的真实性。在英语教学中，遵循真实性原则就是保证各个环节的真实，以培养学生综合语言运用能力为总目标，以交际法和任务型教学为策略，在真实的环境中获得真实的语言能力。

在英语教学中要实现真实性原则，需要做到四个方面：①把握真实语言运用的目的；②采用语用真实的教学内容；③设计组织语用真实的课堂教学活动；④设计编排语用真实的教学检测评估方案。

3. 遵循循序渐进原则

循序渐进性原则是指教学活动要结合学科的逻辑结构和学生的身心发展情况，有次序、有步骤地进行，以期使学生能够有效地掌握系统的知识，促进身心的健康发展。这一原则是科学知识发展的客观要求，也是教学制约于学生身心发展规律的反映。循序渐进有利于将学生的已有知识、生活经验及好奇心联系起来，有助于他们认清事物发生及发展的过程，明晰所学内容的条理，逐步掌握解决问题的方法，形成解决问题的能力。贯彻这一原则需要做到三个方面：①精心设计每个教学环节，明确各个教学环节的目标，选择最佳的方法及手段，使知识的呈现生活化和生动化，使形象向抽象逐步过渡，操作技能与逻辑思维的发展有机结合；②保证每个教学环节过渡得自然，做到承上启下；③有序拓展知识网络，懂得每一次的学习都是知识的又一次积累和补充，以便形成较为完整的知识体系。

（二）英语教学活动设计的信息化发展

1. 信息技术与英语教学设计整合的意义

信息技术对当今教育的推动作用无法估量，然而要使信息技术能真正地推动大学英语教育、教学的发展，就必须与大学英语教学进行全面的有机整合，信息技术与教学整合，这种模式具有十分重要的意义，它可以改变人们的学习观念，预示未来教育的发展方向。

（1）学生英语学习观念的改变。信息技术的日新月异及与课程的整合正在深刻地影响和改变着各种学科的生态，预示了学科发展的未来。可以说，今后学生学习的主要途径不再只是依靠书本或教师的讲授，面对浩瀚的知识海洋和不断更新的网络信息，原先固定教师、固定班级、固定内容、固定进程、固定标准的单向的接受式的学习方式将被打破。取而代之的是一种全新的学习过程，在这样的学习过程中，学生以计算机和网络以及其他多媒体设备为中介，在自主选择、合理接受、科学加工、适时反馈的信息传输中轻松自如地完成富有个性化的、发现式的学习。这种发现式的学习方式将改变以课堂为中心、教师为中心和课本为中心的接受式学习格局，而出现以自主学习、合作学习和探究学习为主的发现式学习格局。显然，这种学习格局的变化与信息技术的发展有着直接的关系。

随着信息和知识的快速更新，一方面大量的新知识内容需要加入课程中去；另一方面课程内容过难使学生负担不断加重。课程展开的时间是有限的，不可能无限延长学习者的学习时间，加之近代科学技术的飞速发展和知识信息的急剧增加，又不得不使人们面对现实的挑战。

找到应对的方法最根本的出路在于变革，改变学习过程是一种单纯继承性的传统观点。课程应该在传授一些基础性知识的同时，注重创新和适应能力的培养，对受教育者来说，最重要的是学会学习，具备进行终身学习的能力，也就是具备自我更新知识结构的能力。对于知识的学习，强调的是让学生掌握认知的手段、方法，即学会自己去发现知识，自己去获取和更新知识，而不仅仅是局限于学习知识本身。由于信息时代知识急剧增长，若是像传统教育那样，只强调知识本身的学习和掌握，那么学到的知识大部分会很快过时，无法适应现代社会发展的需要，只有让学生学会认知，即学会学习的方法，才能在步入社会以后，能够自我更新知识结构，通过自学继续学到工作所需要的各种新知识、新技能。

信息化时代的学习是要从传统的维持性学习向创新性学习转变，从接受性学习方式走向建构性学习方式。要达到这一目标，信息技术必须与课程及教学模式进行全面的整合，因为它预示着未来教育的发展方向。

(2) 预示未来教育的发展。一旦人们的学习观念发生了改变，自然也会对未来的教育有新的展望。实际上，世界各国在展望未来的教育时都主张把信息技术作为教育、教学改革的重要一环。

在我国，运用信息网络技术对传统教育体制和教学模式的改革首先始于英语教学。如前所述，21世纪实际上是信息技术全面发展的世纪，尤其是计算机与网络技术的发展极大地拓展了教育的时空界限，空前地提高了人们学习的兴趣、效率和能动性。就信息化时代的英语教学而言，传统的教学形式将很难适应时代发展的需要，必须有突破性的变革。这种教学的变革不仅仅是教学形式和学习方式的重大变化，更重要的是将对英语教学的理论、观念、模式、内容和方法产生深刻的影响，给英语教学赋予更深刻的全新内涵。

2. 英语信息化教学模式的构建

基于以上分析，信息化教学的某些特征为建构主义学习理论提供了技术层面上的支持，其学习环境与建构主义学习理论所主张的学习环境相一致，体现了学习的自主性、情境性和社会性。因此，用建构主义指导信息化教学不仅必要而且可行。大学英语信息化教学模式可按教学目标、情境创设、自主学习、协作学习、意义建构五个关键环节进行教学设计。

(1) 教学目标环节。教学目标这一环节主要负责分析教学目标，确定学习内容，提出本课或本单元要达到的教学目标，以确定当前所学知识的“主题”，并以此组织教学。大学英语是一门语言实践课，从语言发展的内在规律来看，听、说、读、写、译五项语言基本技能是紧密相连的。听、读过程是学习者自外而内获取语言知识，即输入过程；而说、写、译则是学习者将所学知识自内而外的再现过程，即输出过程。

因此，学习者要根据自己的实际情况构思完成教学目标的方法与手段，通过学习操作实践去实现教学目标。教师提出的教学目标的难度应以大多数学习者能通过为宜，并应具有层次性，以适应不同程度的学习者。教师通常还应指导学习者将一些大的任务分解为几个小目标，以便学习者分步进行学习研究。

（2）自主学习环节。当代英语学习理论强调，学习者在学习过程中起决定性作用，其意义在于促进学习者的全面发展和培养学习者独立思考和自主学习能力及创新能力。在网络学习环境下，学习被看成是学习者自发地与外界相互作用的产物。学习不是死记硬背，而是积极地从所发生的事件中寻求意义的创造性过程。

在这个过程中，学习者要根据自身的水平，寻找适合自己能力的学习起点、学习目标以及学习内容和方法，并确定自己的一套评估体系的能力。以扩大学习活动的自由空间，解决个体差异的需求问题，使每个学生的潜能得到最有效的开发。换言之，教学对象要从客体过渡为主体，语言本身、教材和教法也属客体，是外部因素；学习者是主体，是内部因素。学习者借助多媒体网络教学系统提供的弹性学习环境，随时随地开展学习，并且能够下载或输出所需材料，从而实现网络资源的提供者和获得者进行实时和非实时的交流，使学习者学习中遇到的问题能得到及时的解答和讨论。例如，学习者可以有针对性地重点学习词汇用法或学习篇章结构和背景知识，或选择反复训练听力和发音。自主学习的方式突破了课堂时间的限制，不仅适应不同水平、不同学习要求和目的的学习者，也体现了个性化的教学原则。

（3）情境创设环节。建构主义认为，学习总是与一定的社会文化背景即“情境”相联系的，在实际情境下进行学习，可以使学习者能利用自己原有认知结构中的有关经验去同化和索引当前学习到的新知识，从而赋予新知识以某种意义。如果原有经验不能同化新知识，则要引起“顺应”过程，即对原有认知结构进行改造与重组。总之，通过“同化”与“顺应”来达到对新知识意义的建构。学习个体不同，认知特点也会不同。教师要帮助学习者分析自身的知觉、记忆、思维以及动机、经验、情感等因素，找到学习内容与自身认知结构的结合点，用最符合学习者认知心理的外部刺激去促进他们对新知识的同化和顺应，完成知识意义的建构，并把其智力引向更高的水平。

目前我国已拥有卫星网、DDN 专网、IP 宽带网和有线电视网等天地合一、多网集成的信息传输运行平台。可通过实时模拟、双向答疑、视 / 音频文字一体的多媒体、BBS 讨论区、教学内容的网上交流等多种途径，实施教学计划指导下的非实时自主学习，以调动学习者的所有感官和过去的经验去探索与解决问题，使其对知识掌握得更加透彻、更加形象，有效地促进其朝着个性化学习、自主式学习方向发展，使学习者在因材施教、个性化发展的过程中完成提高语言水平的实践。因此，创设从不同侧面、不同角度表征知识的多样化情境，可为学习者的探索提供多条路径，使其可随机进入任意学习情境，实现知识的正迁移。

（4）协作学习环节。由于知识的复杂性和在情境中解决问题的艰巨性，个人根据自己的经验所建构的对外部世界的理解是不同的，也存在着局限性，通过知识的共享和协调，才能使理解更加准确、丰富和全面。由此，协作发生在学习过程的始终，会话是协作过程中不可缺少的环节。学习者通过在内容丰富的情境中的对话与合作，通过对各自见解的协商而达到对新知识的构建与共享。可以说，会话是达到意义建构的重要手段之一。

在信息化学习环境下，学习者面对面地进行实时在线语言交流或通过多媒体网络进行实时的文字交流的“协作学习”，使得每位网络资源提供者和获取者的思维与智慧将被整个网络学习群体所共享，即整个学习群体共同完成对所学知识的意义建构。尽管“理解”属于个人的建构物，无法共享，但可以与他人进行交流。

网络资源提供者和获取者之间有着动态的信息交互，学习者既通过访问网络站点进行在线学习，也可通过文献检索在线资源来选择自己所需的学习内容，以达到获得知识的目的。在学习者与教师的协作过程中，学习者获得教师的帮助，教师获得学习者的信息反馈。在情境中学习时，教师既是组织者也是参与者，他们既可以通过电子会议系统、电子黑板等实现同步协作，也可以通过电子邮件实现异步协作。“协作学习”可在两个以上的学习者之间进行，既可在有组织的情况下进行，也可直接面对面地或通过BBS论坛进行。学习者可在比较分析同一问题的不同观点时提升自己的认识结构，加深对知识的理解，并在对不同观点进行梳理的过程中，提高自身知识意义建构的能力。

（5）意义建构环节。意义建构是学习过程的最终目标，所需要建构的意义是指知识或学习主题等的意义，即事物的性质、规律以及事物之间的内在联系。在这个环节中，学习者要根据自身在学习过程中，通过各种不同形式获得的各类不同信息形成自己的学习体会或研究成果，并且以文字材料、视听媒体、影音资料、多媒体课件和主页等多种形式将成果具体体现出来，以汇报学习成果并进行总结评价（包括学习者个人的自我评价、学习小组对个人学习的评价及教师对学习者的点评），主要目的是使学习者在一个完整、真实的问题情境中，产生学习的需求，并通过学习共同体成员之间的协作学习，通过学习者主动探索、亲身体验，完成对知识的意义建构过程。

意义建构是使学习者适应真实生活，逐步学会独立认识问题、提出问题和解决问题的一条十分有效的途径，有助于学习者在综合实践中提高自身的综合素质。

科学技术的高速发展，信息技术应用为建构主义学习理论提供了技术层面上的支撑，优化了大学英语教学资源与教学环境、教学过程与教学目标，促进了学生的学习效率和教学效果的提高。这说明信息化教学代表着先进的教学理念和先进的教学手段。

现代信息技术所构建的英语教学环境具有了情景的信息化、英语学习的全球化和个性化，为大学英语教学模式的改革奠定了坚实的基础。因此，现代教育技术支持的当代建构主义学习理论对于知建构的意义可诠释为：学习是学习者主动地建构内部心理表征的过程，它不仅包括结构性的知识，而且包括大量的非结构性的经验背景；学习过程既要运用原有的经验建构对新信息的理解，也要建构从记忆系统中提取的旧信息；不同的学习者对事物的理解（建构）不同，协作学习有助于使理解更加丰富和全面；其主要表现在学习过程中，强调以学习者为中心，同时不忽视教师的指导作用；强调“情境”和“协作”等学习环境的设计；强调利用各种资源来支持自主学习，达到学习的最终目的。

第三节　英语教学的方法与模式构建

一、英语教学的方法

英语教学方法涉及语言和语言学习的本质特征、语言教学的目的、教师的职能、教学大纲的体系、学生活动的开展、教材有效运用、教学技巧的实施和程序的进行等，是进行语言教学的途径和做法，在语言教学过程中的最佳观点的应用。英语教学方法自身独特的结构和研究对象决定了，英语教学法是一种非母语的教学理论和科学。英语教学法不仅是英语研究学习和运用材料进行教育的过程，更是有关教学内容、方法和体系的科学。

（一）情境教学法

情境教学法的形成大约在 20 世纪 70 年代，为以后语言发展提供了理论基础，并指明了方向。情境教学法的实施过程如下：

1. 情境教学法的构成要素

语言学习要在一定的社会文化背景（即情境）中实现的，学生会在所提供的社会文化背景下，将已经理解的知识和新的知识联系起来，吸收新的知识，并且把旧的知识和新的知识融合在一起。所以，教师在教学过程中，不断创造出学生学习语言的社会文化背景，引导学生积极参与和学习。与背景设计相联系的因素有以下方面：

（1）学习的任务。教师先向学生描述社会文化背景，然后再告诉学生学习任务。告诉学习任务的目的是激发学生的学习积极性，培养学习兴趣，吸引学生参与。与此同时，教师还应注意允许他们操纵某些维度，自己做出决策，在问题呈现的过程中为学生留出足够的操作空间。

（2）相关的范例。构建心理模型以备需要的时候或者是解决问题的时候参考。与此同时，还要想出解决问题的多重想法，培养学生的发散性思维。

（3）学生的自主学习设计。建构主义指导下的情境教学的意义。自主学习是在建构主义情景教学的指导下。内因决定外因，外因通过内因起作用。在适当的社会文化背景下，学生独立自主的，以便更好地完成学习任务。由此可见，学生的自主学习设计是情境设计中最重要的解决部分。

（4）教师的引导。学生是建构主义的核心，是知识建构者，不仅如此，教师对学生的意义建构起促进作用，是整个教学过程的组织者、指导者和协调者。教师的有效启发、认真组织和精心指导都以主动建构知识意义的情境时不可忽略。

(5) 学习资源。在学习过程中，学生首先确定学习资料的数量和种类，从而想出解决问题的办法。学习资源不仅可以在书本中获得，还可以通过网络获取各种学习资源。这类信息和知识随时可得以备学生选择。

(6) 学习工具。学生可以借助认知学习工具帮助自己进行各方面的分析、编辑等，用来表达出自己心中的想法。

2. 情境教学法的意义建构

(1) 教学目标的剖析。在以意义建构新知识为中心的前提下，学生在学习过程进行独立探索，还有教师的指导。但是不同学习阶段的学习内容都是由很多个重要并具有特点的知识点组成，所以在学习中对学生学习的内容进行剖析，来确定和完成学生所学知识的基本内容意义建构。

(2) 自主学习策略的设计。自主学习策略是完成意义建构的基础。设计需要自主学习，同样，意义的建构也需要自主学习的策略设计。自主学习策略设计的目的是，能帮助学生选择有效的学习方式。元认知策略设计在自主学习策略设计中非常重要，是学生在学习过程中采用的学习策略之一。

(3) 协作式学习的设计。它不仅就同一问题为几个学生提供几种不同观点，还可以培养学生之间的合作精神。

（二）交际型教学法

1. 交际型教学法的认知

从 20 世纪 70 年代中期起，“交际能力”概念上包含了教育的实践、理论和研究的重大问题。人们开始逐渐认同从社会的角度观察语言，于是社会需求和“交际能力”两个概念相结合，就形成了交际语言教学。

教师和学生在交际型教学模式中，他们的主要接受能力应当放在怎样利用语言作为介质以实现交际目的、完成任务上，而不是仅关注所述句子的结构是否完全正确。所以，交际型教学法是将语言的结构与功能很好结合起来，要求教师不仅培养学生听、说、读、写等方面的语言技能，同时还要教会学生如何灵活地运用语言技能运用到英语交际中。

2. 交际型教学法的实施过程

交际型教学法的实施过程如下：

(1) 设计交际活动。在交际型教学法的课堂环境中多设计强调语言功能特点的交际活动。其目的在于鼓励学生尽可能依靠已经建立的目标语知识体系来实现有效的交际，进而交换信息或者解决问题。具有功能交际特征的活动主要有描述、猜词、简短对话等。

第一，描述活动是指教师给学生一个具体的事物或具体的事件让学生来进行描述，主要加强学生对段落形式的运用和目标语的理解。例如，教师可以让学生来描述自己的卧室、学校或者居住的城市的见闻。通过锻炼学生对事物的描述，这样既可以锻炼学生的思维与语言组织能力，又能帮助学生更好地进行交际。

第二，教师还可以通过猜词语活动来锻炼学生的口语使用能力。开始学生必须充分掌握句子本身的含义才能得以灵活运用，对句子的掌握和运用是学生交际能力的基础。猜词的形式既活跃了课堂气氛，使每位同学都可以积极踊跃地参加，又寓教于乐，让学生在玩乐中轻松掌握对单词的理解，是训练学生口语更有效的方式。

第三，简短对话活动在一定程度上可以决定交际能力的发展，学生可以通过对一些话题，如天气、心情、交通情况、体育赛事的讨论来进行简短对话。表面上看这些对话没具体的含义，但它们对活跃社交气氛有着不可忽视的作用。所以，学生应尽可能地利用简短对话来与人沟通，用简短的文字恰到好处地表达自己的想法与见解，既能清楚明白地表达自己的思想，又简短有力。但是，一个共同的认识标准交际活动中的信息必须由学生确定。在交际双方达成一种平衡，这种平衡在所共有的知识和交际活动中的不确定因素之间，它能够为交际的如期进行提供必需的动力。

（2）评价交际能力。对学生交际能力的评价是在设计完交际活动并由学生进行实践之后。教师所设计的交际活动，兼顾功能特征与社会特征。相应地，功能因素与社会因素也就成为对学生交际能力的评价的重点。当然，学生总体交际能力的评价，是对功能与社会两种因素统一的评价。

第一，对运用目标语得体性的评价。首先，可以选择目标语文化背景知识所确定的得体性决定交际的话题；其次，与交际者之间的关系以及当时所发生交际的语境是判断对目标语的使用是否恰当的重要标准。

第二，对文化背景知识掌握的评价。它对培养学生的交际能力不可或缺，且有助于学生掌握语言运用的准确性。语言的本族语者所共有的社会文化风俗决定一种语言表达方式是否得体。因而，学习并掌握这些文化规则应该受到学生在交际过程中的注意。

教师在带有文化误解的交际场景呈现给学生时，可以同时考查和评价学生对文化背景知识的掌握。教师引导学生了解和掌握目标语文化语境下的社会交往知识与技巧，同时可以观察、判断学生对该文化规则的掌握程度，提供启发性知识。同时，为巩固学生对母语文化的掌握，教师还可以对目标语文化与母语文化加以比较。这样有利于在目标语与母语之间形成一个健康的平衡状态，帮助学生在以后更好地进行交际。

（3）对约定俗成风俗掌握的评价。每一种语言都包含有大量固定语言形式和用法。如果学生对这些不清楚，即便语言表达再正确，但与约定俗成的用法不同，在交际过程中就会遇到一些困难。

在英语教学中，设计交际活动、评价交际能力以及对约定俗成风俗掌握的评价是相互联系的。只有对这三个方面都了如指掌，才能有利于学生文化得体意识的培养，这恰巧是交际能力的重要组成部分。

（三）模块教学法

模块教学法是英语教学改革的重要组成部分。这是一种系统性的教学方法，以英语教学为系统，将其分为知识、技能、拓展三大模块，并在不同的学期中进行有针对性教学，从而提高学生的综合语言应用能力。

大学英语模块教学能够丰富英语课程，实现课程的多样化。同时对于学生来说，模块化的教学形式课程通过形式丰富的讲解，提高学生对英语学习的氛围和兴趣，使其提高学习的积极性。随着现代科学技术的发展，英语教学课程的固定化越来越难以适应社会形势。采用模块教学，也能在一定程度上使英语教学贴近时代发展，增强人才培养的时代性。

模块教学法对应的是整个教学系统的管理，所以在实施过程中需要教学工作者进行科学设计。大学英语模块教学中的模块分类划分为知识模块、技能模块和拓展模块。以拓展模块为例，对模块教学方法进行分析。拓展模块主要是对学生的能力进行拓展，因此可以开展丰富多样的课程。具体可以包含以下五个方面：

第一，开设商务英语，例如时事新闻、旅游英语、经济英语、商务信函写作、法律英语、实用英语写作等应用专业型英语后续课程。

第二，开设包括：日常口语提高、高级口语、演讲、听力提高、视听说、高级写作等实用技能型英语后续课程。

第三，开设介绍各国文化、常识、价值观、思维方式、民俗、礼仪、历史、教育；对比传授文化、跨文化研究等跨文化知识型英语后续课程。

第四，开设内容包括：欣赏电影、音乐、神话、散文、诗歌小说、诗歌、演说等欣赏型课程。

第五，开设包括：继续通用英语的深入学习、考研英语、雅思等各类出国考试的培训等综合考试型课程。

（四）任务型教学法

任务型教学法兴起于 20 世纪 80 年代，它强调“做中学”，是一种语言社会化和课堂真实化的语言教学方式，该教学法对我国大学英语教学具有十分重要的意义。

1. 任务型教学法的原则

任务型教学法在大学英语教学中应用十分广泛。在明确了任务型教学法的兴起背景、类型、原则等理论知识的基础上，为了在大学英语教学中更好地应用和实施任务型教学法，教师应该在实施任务型教学法时明确任务型教学法的原则，下面对其进行具体分析。

（1）强调真实性原则。在具体应用和实施任务型教学法中，教师应该保证教学任务设计或教学活动设计的真实性。具体而言，就是教师要明确语言交际应该在怎样的情景中发生，或需要什么样的情景进行交际。可见，真实性原则是教师在教学中实施任务型教学法必须遵循的原则。只有使语言与情景有效融合，才能实现交际的目的。如果没有真实性的情景，交际也很难顺利进行，语言知识与情景也很难融合在一起。

另外，教师应该从思想上意识到真实性原则在任务型教学法实施中的重要性，应该重视语言知识的情景性设计，鼓励学生不断适应新的情景，同时引导学生利用各种手段和途径来理解语言知识情景。在此基础上，学生还应该学会将自己学习的语言知识与新的情景有效融合，从而实现知识中有情景、情景中有知识的多元化体系。

除此之外，需要强调的一点是，在大学英语教学中，绝对的真实性情景并不容易实现，这里强调的真实性原则并不是绝对的真实性，而是要求尽可能地真实，尽可能地与现实生活贴近，或尽可能地为学生提供真实的教学情景、学习情景和交际情景。

（2）关注信息差原则。信息差，简单理解就是交际双方之间的各自拥有的新信息。信息差的实施必须有共享信息作为基础。只有交际双方在共享信息的基础上，才能通过交流和交际来获得各自所需要的新信息。这也就是交际双方交际的最终目的。

在进行交际或理解任务的过程中，交际双方十分重视任务的内容、意义等，并不重视语言采用的形式以及语言的表达、语法的准确。交际双方只要理解了任务了内容以及表达的意义，就可以称得上交际的成功或任务执行的成功。

因此，教师在教学中实施任务型教学法的过程中，应该关注信息差，了解共享信息信息基础作用，理解双方的交际需求，明确任务本身所要表达的意义或价值。

（3）重视互动性原则。语言教学需要互动性。大学英语教学也不例外。在任务型教学法实施过程中，也应该注重互动性。互动性强调的是交际双方在交际过程中是双向的，无论是对话、会话，还是讨论都是互动性的。具体到日常生活的交际中，最为常见的交际方式也是双向的。不可否认的是，在日常生活交际中，也存在着一些单向的交际方式，例如话剧中的独白就是常见的单向交际方式。

在交际过程中，互动性是语言输出的基础，是信息交流和前提，是意义协商的保障。在互动中，必然有合作，必然有交流。需要指出的是，互动还需要一定的条件，例如，话语常规、人际关系、交际需求等，只有这样，才能保证互动是有意义和价值的。同时，在互动过程中，为了能够保证互动的顺利性和有效性，互动双方还应该选择不同的语言交际形式。另外，互动的过程是交际双方互相了解对方的过程，也是获得交际需求的过程。可以说，互动能够使交际双方更好地认识语言、了解语言、理解语言和使用语言。

具体到大学英语教学中，英语教师在应用任务型教学法的过程中，也应该遵循互动性原则。例如，在大学英语教学过程中，教师可以通过对话、提问、交流、讨论、合作等形式来实施教学。同时，教师应该充分发挥互动的作用，采用多种方式鼓励学生主动发言、主动交流、积极提问、主动辩论等，这样有利于学生从中感受到互动的乐趣，激发学生学习英语的兴趣。另外，教师应该将互动性贯穿于教学的整个过程中，多布置一些互动性的任务，鼓励学生积极参与到互动活动中，从而使学生更好地完成任务。

（4）注重做事过程原则。在任务型教学法实施过程中，教师还应该重视做事过程。在具体的任务设计中，教师应该多布置一些动手动脑的任务，并鼓励学生通过手脑结合来完成具体的任务。实际上，学生做任务的过程就是做事的过程。具体到语言教学中，就是用语言完成事情的过程。在这一过程中，学生不仅要对问题进行思考、分析，还要寻找各种方法解决问题。另外，教师还应该引导学生具体问题具体分析，不同的问题有着不同的语言做事技巧，从而选择科学、合理的方式来解决具体的语言问题，最终在认真做事过程中完成语言任务。

关于语言教学中，究竟应该重视教学过程还是教学结果，不同的教学方法研究有着不同的观点。任务型教学法研究者认为过程比结果重要得多。在做任务，即做事的过程中，学生就可以思考问题、分析问题、解决问题，从而使自己的语言知识更加丰富，使自己的语言体系更加健全。

（5）注意操作性原则。任务性教学法在实施过程中，还应该注重任务的可操作性。如果任务或教学活动设计得过于复杂或过于难，就不利于学生顺利完成任务。同时，在设计教学活动或教学任务过程中，教学道具、教学内容、教学时间等都应该合理安排，既能够满足教学需要，又能够将教学的内容和意义表达出来。

另外，有一些教学活动或教学任务，有时间的限制，要想在注重可操作性的基础上，教师在设计教学活动和任务的过程中，应该充分考虑多种因素，应该将课堂教学与课后练习相结合的，同时还可以借助一些道具或利用一些信息化教学手段来进行设计，进而鼓励学生积极主动地完成任务。除此之外，为了增加任务的可操作性，在设计教学活动和教学任务的过程中，教师应该使任务设计的内容更加简明扼要，可以将任务做成能够修改的方式，还可以对任务中的内容进行重复运用。

（6）应用组合弹性模式原则。在任务型教学法实施过程中的，教师还应该重视弹性模式。换言之，在设计教学任务和教学活动过程中，教师应该结合具体问题进行具体分析，不能将任务设计成固定的模式，应该将弹性模式融到具体的任务型教学中，只有这样才能促进任务教学法的广泛应用。

2. 任务型教学法的特性

（1）注重教学内容的真实性。任务型教学法注重内容的真实性，这是任务型教学法的显著特点。具体而言，任务型教学的内容大多数都与学生的日常生活密切相关，同时教学活动也是丰富多彩和富有层次的。任务的不同的阶段有着不同的任务或活动设计。例如，任务的初级阶段，主要注重的是意义的建构和机械性的活动；到了任务的中级阶段尤其是在任务的高级阶段，主要注重的是知识运用方面的活动设计。无论是任务的内容如何设计，都尽可能地贴近学生的生活，保证内容的真实性。

（2）任务链的循序渐进。在传统的教学模式中，虽然有着具体的教学程序、任务和步骤，但大多数教学程序、任务和步骤之间是孤立存在的，并没有紧密的联系。而任务型教学法作为教学中的一种常用模式，它不同于传统的教学模式，它包含数个不同的任务，且每个任务之间并不是孤立存在的，而是相互联系、相互制约、相互促进的。具体而言，在任务型教学中，任务的设置都是循序渐进的，遵循着由简单到复杂的顺序，同时，任务与任务之间都是紧密联系在一起的，具有层次性、关联性、连续性等特征。另外，任务型教学涉及的任务十分广泛，有单一的、综合的、输入的、输出的、初级的、高级的等。正是这些广泛的任务形成了一个循环的任务链，相互促进、共同发展。

(3) 师生角色发生转变。众所周知，在传统的教学模式中，教师是绝对的权威者和传授者，处于语言教学的主体地位。而学生只能被动地接受教师讲解的知识。可见，传统的语言教学模式严重忽略学生的主体性地位。而在任务型教学中，教师不再是权威者，不再处于语言教学的主体地位，确立了学生的主体地位。教师的角色发生了一定的转变，教师负责设计任务、提供资料、组织教学活动、引导学生学习等。可见，教师由传统的权威者转变成设计者、提供者、组织者、引导者、示范者等。

相应地，学生的角色也发生了一定的转变。在传统的语言教学模式，学生的主体地位被严重忽视，学生是知识的被动接受者。而在任务型教学中，学生的语言项目使用不受限制，可以个人独自完成学习任务，也可以与小组内的其他成员通过合作的形式完成学习任务。学生可以自由使用语言形式和项目，充分发挥自己的特长，发挥自己的创造力等。总之，任务型教学法以学生为中心，学生由传统的被动接受者转变为主动参与者、自主学习者、主动思考者、积极合作者、调控者。

(4) 评价方式发生转变。任务型语言教学模式与传统的语言教学模式在评价方式上有着很大的不同，下面从不同的方面对其进行简要分析：

①从评价目标而言，传统语言教学模式注重评价的结果、最终的成绩等；而任务型语言教学模式注重评价的过程、能力的提高和发展。

②从评价内容而言，传统语言教学模式注重单一语言知识的传授；而任务型语言教学模式主要重视的是语言的应用能力、语言的学习过程。

③从参与评价主体而言，传统语言教学模式主要注重教师评价，评价的主体具有单一的特点；而任务型语言教学模式的评价主体具有多样化的特点，不仅包括教师评价、学生评价、同伴评价，还包括家长评价、社会评价等。

④从评价手段而言，传统语言教学模式主要采用的是单一性的评价手段，通常主要通过采用固定性考试的手段来对学生的学习情况进行评价；而任务型语言教学模式采用的评价手段也是多元化的，不仅包括测试性与非测试性评价，还包括形成性评价与终结性评价。同时，还包括教师评价、学生间互相评价、学生对自己的评价等。

⑤从评价效果而言，传统语言教学模式受应试教育的影响，用考试和分数来衡量教学的效果，教师之间、学生之间的攀比性很高；而任务型语言教学模式注重学生合作精神的培养，鼓励学生积极主动参与学习活动。

3. 任务型教学法的实施步骤

(1) 任务前。任务前阶段是大学英语任务型教学模式实施的前提。准备阶段与呈现阶段都是任务前阶段的实施步骤。任务前阶段是任务型教学模式不可缺少的阶段，其主要作用主要包括两个方面：一方面是通过任务前的准备工作和呈现工作来激活学生的已有知识体系和思维，使学生能够在已有知识体系的基础上构建多元化的语言系统；另一方面是为任务实施的下一阶段做准备，使学生能够积极主动地学习，积累丰富的知识，为任务的完成奠定基础。

①任务的准备。在任务的准备阶段，学生要积极地参与到任务中，并通过多种手段获取信息并对信息进行相应的处理，同时还要对这些信息内容进行表达，从而提高自身的语言技能和表达能力。具体到大学英语教学中，教师在任务准备阶段，还应该注意英语输入的真实性以及英语任务设置的难易程度。只有这样，才能使学生更好地为英语任务的下一阶段做好准备。

②任务的呈现。任务的呈现，简单理解就是教师向学生介绍需要完成的任务。同时，强调完成这一任务需要学生利用新的语言知识。除此之外，教师还应该根据学生的具体学习情况，为学生创造真实的情境，从而调动学生学习语言的积极性。

(2) 任务中。任务中阶段对学生的语言习得起着至关重要的作用。在任务中阶段，教师应该结合学生的实际学习情况，合理选择任务，避免任务的难度过高或过低。具体到大学英语教学中，一旦出现任务过高或过低的现象，教师要针对存在的现象采取具体的对策。

在任务实施过程中，学生为了更好地完成任务，可以采取多种方式，例如小组形式、辩论形式、自由组合形式等。在大学英语任务型教学模式中，小组活动的形式比较受欢迎。在进行小组活动设计中，要明确小组任务与个人任务并不是孤立存在的，而是相互促进的，同时要明确师生之间的关系与角色转变。在小组活动开展过程中，教师要及时进行指导，从而促进教学目标的实现。

除此之外，教师可以与学生积极互动，甚至主动融入小组活动中，与学生共同参与任务、共同学习、共同讨论，从而形成平等、和谐的师生关系。同时，教师还可以及时了解学生完成任务和对知识的掌握情况，并以此为依据，及时调整教学方式，从而促进任务的高效完成。

(3) 任务后。经过任务前、中阶段，就进入到任务后阶段。这一阶段的实施主要包括对任务的汇报和评价。经过任务的实施后，小组内可以选取代表在课堂上进行发言，总结和汇报本组内任务完成的具体情况。在这一过程中，教师主要扮演指导者的角色。

之后，教师应该对每个小组任务完成的情况进行评价。不仅要指出小组完成任务的长处，还要指出小组完成任务的不足，从而使小组明确自己的优点和不足。同时，教师应该给予优秀小组一定的奖励。另外，在任务评价过程中，教师不仅要科学、公平地评价每个小组，还要鼓励学生与学生之间进行评价，这样有利于学生正确认识自己，客观评价他人。

二、英语教学的模式构建

随着教育质量的改革，传统的英语教学模式已不再适应新时代教育发展的需要。因此，“我们必须创新自己的教学方法和全面提升英语教学质量，选择最有效的教学方法来提高教育质量，帮助学生的英语水平进行的全面提升”[①]。

① 凌朝富.情境教学法在初中英语教学中的运用[J].读与写，2022（2）：81.

（一）内容型教学模式构建

1. 内容型教学模式的语言观

20 世纪 80 年代以来，内容与语言融合学习法（CLIL）受到关注，以沉浸式教学 (Immersion)和内容型教学模式 (Content-Based Instruction)为两种最具代表性的教学范式。

内容型教学模式与交际法具有相同的心理学和语言学理论基础，是交际教学法的一种。与交际法不同的是，内容型教学模式关注学习输入的内容，主张围绕学生需要掌握的课程组织语言教学。因此，可以将内容型教学模式定义为：一种主张围绕学生所学的学科内容而展开教学的交际语言教学形态。它强调围绕学生需要获得的内容或信息，而非语言或其他形式的大纲组织教学，以达到内容教学和语言教学互相促进、共同提高的目的。内容型教学模式的语言观主要有以下方面：

（1）语言是一种获取信息的工具，而信息是在语篇中建构和传递，因此，语言教学要以语篇为基础。

（2）在现实生活中，听、说、读、写四项技能是不能分开使用的，语言教学也应把四项技能综合起来培养。

（3）语言的使用是有目的的，学生在学习过程中要清楚所学语言材料的目的，并使之与自己的目标联系起来。内容型教学模式强调关注语言技能以外的能力和素质，因为语言本身是一个符号系统，是一种排列组合，本身的深度和美感来自“运载”的内容。

2. 内容型教学模式的原则

关于学习理论，内容型教学模式有一个核心观点：语言学习不局限于语言本身，而是作为一种了解信息的途径，语言学习才能成功。这个核心原则衍生出以下四个重要观点：

（1）当所学习的内容被认为有趣、有用且能够指向预期目标时，学习的语言习得才能成功。因此，增大学习效果，必须加大学习内容与学习者的实际需要联系。

（2）对于内容型教学模式所依托的学习材料，某些领域更有优势。例如，地理学科通常被认为最适合与语言学习相结合，主要是因为地理学科自身的特点：①地理学科有高度的视觉性、空间性和情境性；②地理学科需要使用地图、图表、模具等辅助材料；③地理学科在开展教学时，需要使用大量描述性语言。

（3）有针对性地教学，才是好教学，符合学生需要的教学，才会取得好效果。内容型教学模式强调学习的内容要有针对性，必须符合学生的需求。尤其在有特殊用途或学术用途的培训课程时，更要充分考虑学生具体的行业需求或学术需求。

（4）教学要在学习者已有经验之上进行。教学要充分考虑到学生进入课堂时已经具备一定的学科知识。

3. 内容型教学模式的内容

内容型教学模式的倡导者开发了多个中国企业品牌竞争力指数（CBI）项目，探索出多种教学模式，并将内容型教学理念描述成一个连续体，一端是内容驱动型教学；另一端是语言驱动型教学，在两极之间存在多种教学模式，使语言与内容有着不同权重，见表2-1。

表 2-1 CBI 教学模式连续体

内容驱动型	→		←	语言驱动型
沉浸式教学	部分沉浸式教学	保护式教学	附加式教学	主题式教学
完全用二语为媒介教授学校课程	主要用二语为媒介教授学校课程	由学科教师教授课程，但学生均为二语学习者	专业课加语言课	围绕学生感兴趣的主题进行教学

在完全和部分沉浸式教学过程中，内容是主导，二语是媒介，正规的学校课程是教授内容，它的有效性更多地取决于学生对内容的掌握，而语言的掌握是一个副产品。保护式教学的授课对象是非本族语者，由学科领域专家担任教师，但在授课过程中需要关注学生的外语水平，调整教学话语使教学内容更容易被学生理解。

此外，教师还需要选择适合于学习者难度的教学材料，并根据学习者的语言能力调节课程要求。附加式教学强调语言学习和内容学习同等重要，附加式教学中的语言和内容融合可以通过团队合作实现，即语言教师负责学术读写等语言技能，内容教师则负责学术内容的讲授。主题式教学通常在二语或外语教学情境中进行，课程大纲围绕主题或话题，最大限度地利用内容传授语言技能。偏向于内容驱动型的教学模式要求学生具有中级或更高的语言水平，以及相关的学科内容知识；偏向于语言驱动型的教学模式与传统的语言教学更为相似。

内容型教学模式秉承“做中学”的教学理念，鼓励学生进行自主学习、合作学习和体验学习，要求学习者扮演积极的角色，积极地理解输入材料，有较高水平的歧义容忍度，愿意探索新的学习策略，多角度阐释口头或书面语料。学习者可在参与学习内容和活动方式的选择中，为学习内容提供资源。学习者要对内容型教学有十足信心，积极适应新的角色，成为一个合作型的、参与型的自主学习者。

内容型教学模式通常选择真实语言材料作为教材。这个真实性一方面指本族语学习者所使用的教材；另一方面指源于报纸或期刊文章，并非为语言教学目的而编写的材料。与真实性相矛盾的是，内容型教学模式还必须考虑学习者的语言水平，教材要具有理解性，因此，对教材进行一定程度的语言简化和冗余的解释也是必要的。总而言之，教学材料既要具有真实性，又要具有可教性。

内容型教学模式的优点在于：首先，语言的形式、功能和意义没有被分裂开来；学生的动机增强、兴趣提高且确保了对认知有较高要求的课堂活动，从而丰富了学生的认知发展。从早期的专门用途英语课程到沉浸式课程，内容型教学模式已经被应用到各个层次的语言教学项目中，如高校生外语课程、商务外语课程、职业外语课程等。然而，内容型教学模式在应用中也存在一些局限性。最突出的是师资问题，兼具语言知识和学科知识的教师非常匮乏。其次，内容型教学模式在多大程度上可以帮助学生发展其语言技能，因为学习者会首要关注学科内容的掌握，而忽略语言使用的准确性。鉴于学习者需求的多样化，很难开发市场化教材，会导致教师花费大量时间甄选材料，还有评估方面的问题，是评价学生对学科知识的掌握，还是评价学生的语言能力。

（二）交际教学模式构建

英语教学水平和研究水平的提高，既得益于语言学理论研究的进步，也是人们进一步认识语言本质的结果。人和人之间交流的是语言信息，语言属于信息系统，也是人类在交际过程中必不可少的工具。有交际才有语言，语言教学的目的不仅在于提高交际能力，还在于解决交际问题，因此，“大学英语课程教学既要传授给学生语言知识，也要培养学生的语言交际能力和交际能力”①。大部分语言教学理论都认为让学习者具备良好的语言交际能力，才是语言教学的目标。因此，交际才是大学英语的教学方向，即在交际过程中提高学生的口语运用能力。

在英语教学中，策略能力、语法能力、话语能力和社会语言能力都属于交际能力范围，要求学生掌握。这些要求学生不仅具备一定的交际手段和良好的语言表达能力，还要求他们掌握一定的交际规则。人们常用口语和书面语两种语言交际方式，而口语和书面语正是这两种交际方式存在的区别。书面语能力通常指外语交际能力，但无准备性、对可视情景的依赖性、交际的直接性、手势及面部表情的使用性、相对独立性等，又是外语交际能力具备的特征。因此，口语交际本身的特征比较特别，但在交际时则强调互动性。

1. 交际教学的主要原则

教学的场景和内容、学生和教师共同构成英语口语交际教学系统。教学信息通过这些构成要素，实现在教授系统和学习系统之间的切换，因此也推动这个系统的发展。信息在口语交际教学过程中并不是一直存在，师生在这个过程中要遵循相应原则，并且创造良好的交换环境。

（1）意义原则。意义是交际教学法的核心，因为人们在用英语沟通的过程中，重点并不在于语言的正确与否，而是在于意义的传达是否到位。教师在进行交际教学时，尽量不要对学生在语法上出现的每一处错误都给予纠正，而是应该增加容忍度。教师应意识到，无论是语言学习，还是其他学科的学习，都是在错误中取得进步。

（2）平等原则。交换和传递信息的人都是参与口语交际教学的主体，而且他们都是有意识且具有能动性，其实是交往活动。他们在这个活动中始终保有积极状态，也说明这个过程并不是强制性的、没有互动的单边活动，而是主体之间始终有交流的双边活动。保证教师和学生之间实现平等，教师要始终以学生为中心，让学生成为课堂活动的主体。首先，在口语交际教学过程中，教师应及时鼓励学生，让学生发挥自身具备的资源优势，与

① 王璐.大学英语交际教学模式浅谈[J].西部素质教育，2017，3（22）：184.

教师共同进行信息的交流和沟通；其次，在教学活动过程中，教师应充分意识到学生群体是充满了充沛的情感和无限的个性，每个学生在人格、语言表达和认知方式上都存在不同。教师要做的是对学生自身具备的情感和人格给予充分尊重，才能让公平和平等出现在口语交际教学活动中，也是双向或多向交往的前提。

在口语交际教学活动过程中，教师要始终以学生为中心，保证学生在交际活动中的主体地位。教师也要让自己成为平等的参与者，而不再是活动中的长者和尊者，实现师生间的平等交流。

（3）互动原则。口语交际的重点在于交际，双方在交际过程中的沟通都是以口头语言为主。因此，“交际”应该和听说一样，成为口语交际教学的重点，让课堂教学中的信息实现双向互动或是多向互动。

2. 交际教学的具体应用

（1）掌握“听话”技巧。“听”是口语交际的重要组成部分。交际的双方可以选择和调整自己的说话方式，却不能改变别人的说话方式，无论对方是怎样说的，从交际和沟通的角度讲，都要求听话者能听懂。在课堂教学中，学生要听教师的讲授、回答教师的提问，倾听同学的发言，这些都要求学生掌握“听”的技巧。因此，口语交际教学首先要教会学生成为一名合格的“倾听者”，只有听清楚、听明白，才能提高说的质量。此外，从心理学角度分析，“听话”能力的结构包括敏锐的感知力、高度的注意力、快速的记忆力、深刻的理解力、正确的品评力、丰富的想象力。因此，训练学生的“听话”能力，应从这些方面着手。

（2）掌握“说话”的技巧。听和说在口语交际过程中不可分离。说话的目的不仅是为了传达信息，还是为了表达思想。成功的口语交际需要高超的说话技巧，而说话技巧也体现在说话的连贯性上。

第三章　跨文化交际与英语教学融合的体现

第一节　跨文化交际视角下英语教学改革

跨文化交际是一门新型学科，在我国主要运用于英语教学中。在跨文化交际中，人们通过熟练使用语言，了解其承载的文化思想、价值观等。英语教学的最终目的除了具备语言技能，更应该反映跨文化交流技能的发展，以便不同文化背景的民众能够平等交流和互动。从跨文化交际视角对大学英语教学进行改革已经不仅仅是我国外语教育所必需的，更是世界范围内历史发展的应然需求，大学英语教学应以培养跨文化交际创新性人才为核心目标进行改革。

一、跨文化交际视角下英语教学的现状

（一）教学主体跨文化意识和能力较弱

大学英语教学主体主要是教师和学生，其跨文化意识和能力薄弱，主要原因在于受应试教育的影响较大。从教师角度而言，部分英语教师学科知识单一，且未能及时储备相应的跨文化理论知识，决定其缺乏系统性的文化知识，在教学实操过程中机械性地教授学生语言知识，导致学生英语语言和跨文化知识无从拓展，英语学习停留在理论的阶段。从学生角度而言，大多数学生受应试教育理念影响的时间较长，学习大学英语依旧以应试目的为导向，虽然语言知识掌握的较为扎实，但是对文化知识的重视和掌握程度不足，缺乏文化知识学习的主观意识，对跨文化交际中的英语文化和非英语国家的本土文化缺乏了解，在实际交流中涉及跨文化内容时，出现语言沟通不畅的现象，更加凸显其跨文化交际能力欠缺的特点。总体而言，教学主体主观文化意识薄弱，造成其教学文化导入把握不准、无法找准突破口。

（二）整体考核标准较为陈旧

大学英语教学考核标准直接决定教学评价合理与否，而我国大学英语评价体系考核指标过于单一，基本集中在“教学内容”和“课程设计”方面，对教师的要求较低，大多数情况只要求专业符合、学历达标即可，对教师个人专业素养、教学过程和教学理念等的考

核较少，导致考核主体薄弱，对教学目标的精准把握产生一定影响。现阶段的整体考核标准陈旧，大多数学校英语考核结果以平时成绩和期末卷面成绩为主，缺乏对学生文化素养、思维方式的考核标准，导致教学效果不佳。最重要的一点，教学考核中缺少跨文化交际的对应内容和衡量标准，距离跨文化交际的社会需求较远，结果就是大学英语教学与跨文化交际相脱离，教学目标和定位有失偏颇，对教学改革难以发挥正面作用。

（三）文化单向输入现象较为严重

在跨文化交际实践中，大多数中国学生或者教师能够运用英语对国外风土人情、饮食文化、文学影视等侃侃而谈，却不能够完整和清楚地表达中国文化相关内容，造成文化误读现象。究其原因，是教学大纲中缺乏针对中国文化进行英语教学的目标、方法和评估等方面的系统性指导，并未明确给出可供参考的书籍、教材等，且现阶段使用的教科书较少涉及中国文化内容。教学大纲、教材、教学进度等共同限制了教学主体对“跨文化交际”的理解；教师进行教学设计时将重点放在英美文化习得和认知层面，学生从客观上认为英语文化有优越性和独特性，主观上对中国文化的认同感尚未形成，加剧文化单向输入现象。

（四）缺乏跨文化交流实践机会

大学生跨文化交流实践机会来自教学课堂和课后，直接决定其语言能力的提升或者下降，大学英语课堂教学依旧采取“以教师为中心”的方式，学生参与、用英语沟通的机会很少。近年来，部分大学英语教师在教学设计或者课堂教学中适当融合一些互动活动，但主要还是提问、小组讨论等形式，学生跨文化交际水平不能够得到实质性提升；部分高校的英语课时被压缩，导致教师在课堂上争分夺秒讲授语言知识，学生对文化和语用知识一知半解，因此丧失学习兴趣，影响其跨文化交际能力提升。与此同时，部分学校的合格外籍英语教师稀缺，学校举办国际学术会议、对外交流等活动的机会很少，严重缺乏真实的语境，大多数学生不具备与外籍人士交流的主客观条件，即使在实习或者步入职场时遇到跨文化的商务谈判或者日常交流机会，也难以把握或者胜任。

二、跨文化交际视角下英语教学改革的必然性

立足跨文化交际视角改革大学英语教学，是基于中西方共同体和对话思维的一项紧迫课题，是对“全球文化共存”“国家人文素养战略”以及“课程标准和学科要求”等大局势的回应，能够彰显其必然性和重要性。

（一）全球化背景下的客观要求

经济全球化、文化多元化等现象并存于世，具有不同特性的区域文化以及民族文化共同构成文化多元世界，更加强调“跨文化”。随着国际政治互相包容、经济互惠互利，到

今天的文化求同存异，拓展了文化的生存和自然维度，指出文化的动态发展本性，将中华传统文化中的“生生”“共生”理念与西方文化的“互学互鉴”相融合，揭示了全球化背景下包括人工智能、万物互联等文化形态应以相互尊重为前提，在与其他文化的交流和对话过程中吸收其有益之处，为不同文化取长补短提供动力，推动人类文明和文化包容发展。英语和汉语从属于不同的语系和文化系统，但是其边界相互交错，创生出新的文化思想，印证了“跨文化交流”的巨大意义和生命力，这种跨文化以多元文化为基础，无须改变文化母体的情况下，以“开放式”“互动式”的交流，为各种优秀文化中再增添一种新的文化，塑造“文化共荣共存”的繁华局面，自然对英语跨文化教学改革提出新的要求。

（二）人文素养战略的具体要求

信息时代需要具有跨学科、跨专业、跨文化的独立思考能力和思维模式创新型人才为支撑，以助力个体具备实现自我价值的综合素质。人文素养是提升综合素质的重要部分，而英语本身兼具“人文性”和“工具性”，其教学过程可以看作是人文素养累积的过程。大学英语教学改革因此需要将人文素养培养贯穿始终。在国家战略层面，全面实施素质教育是教育改革发展的战略主题，探索实践能力和人文素养融合发展的人才培养模式，人文素养的国家战略地位被确立和肯定。人文素养国家战略要求培养个体的独立思考、批判性思维以及跨学科、跨文化思维，大学英语立足跨文化视角进行改革就是这一战略的具体体现。

（三）课程标准与学科特殊性的共同作用

英语学科具有先天性的文化判断功能和意识形态属性，决定英语教学的独特性。教学过程要受英语和汉语文化共同影响，并面临文化判断等现象，客观上要求大学英语教学既要帮助学生树立世界格局观、了解西方文明，还要承担积极的文化教育作用。而现阶段的大学英语教学以“他文化”教育为主，亟须对蕴含在英语中的优秀中国文化内容以及蕴含在中国文化中的英语语言文化进行重点讲解，发掘二者之间的逻辑思维联系，在保证英语教学文化功能实现的同时，实现中华文化复兴的重要目标。大学英语教学是语言和素质教育课程，应提高对跨文化交际能力相关素质培养的重视程度。大学英语教学要达到深化思想的目的，英语国家的基本国情、风土人情、社会风俗、价值观念等在教学和教材中都有所体现，英语教学应对学生进行适当引导，帮助其树立全局观和大局观，引导学生理性思考问题，全面了解各个国家的发展历史和道路，为英语教学改革提供主观动力。

三、跨文化交际视角下英语教学的改革策略

大学英语教学改革亟须深度融合跨文化交际元素，从更新教学理念入手，将教学内容与文化生态观相结合进行平衡与完善，为教学实践活动提供启发和蓝本，同时还需要相配套的考核机制，给予改革以激励作用，形成改革长效机制。

（一）加强宣传与培养，促进教学理念转变

大学英语教学理念的转变不是一蹴而就的，需要多主体参与。教育部等相关部门应该倡导的跨文化交际理念，在课程标准的基础上出台更加翔实的政策，明确“跨文化交际”指导“大学英语教学改革”的方向，肯定跨文化交际的重要性。以此为前提，高校作为“执行者”，根据学校及学生情况制订相应的改革方案，以跨文化交际和改革为关键词，加大对教师专业和理念的培训，使教师从根本上意识到跨文化交际是中西文化的交流，对文化的深度理解能够帮助学生更快速、更牢固地掌握语言知识。高校英语教师作为教学实践的关键主体，还应将思想落实到教学行动中，以最新教学大纲和政策为依据，发掘中西文化契合点，让学生形成围绕文化掌握语言技能的学习习惯，无形中将跨文化交际理念传授给学生。“同时，也应该增加学生英语课的课时数，增加英语教师的数量，减少公共英语课的班容量，并在条件允许的情况下实行分层次教学”①。此外，教师在日常生活中应适当宣传，采用“课堂＋课下”相结合的模式，将预先设定好的跨文化交际任务以校园文化节或者比赛的形式在课堂上进行讲解，让学生利用课余时间，结合其他学科逻辑自主思考，将跨文化理念贯穿于生活和学习点滴，潜移默化中拓宽学生的跨文化视野，成为理念宣传的一员，主观上树立“文化差异观”。

（二）融合多种教学方式，丰富实践活动

跨文化交际视角下的大学英语教学改革，目的是要赋予跨文化交际生命力和实际的使用价值，将跨文化交际能力由知识层面上升为实践层面，具体可以从课堂教学方式和课后活动进行变革。在课堂教学方面，大学英语教师应多争取国外交流机会，丰富自身的跨文化交际实践经验，并在课堂上通过案例讲解方式传授给学生，让学生间接地进行跨文化交流实战。部分不具备硬件条件的大学英语教师可以尝试将文化知识的讲解部分交给学生，课前给学生话题，让学生通过上网搜索资料或者与同学提前合作等方式，将资料整理并汇集在一起，课堂上给学生一定的时间进行“文化普及”，且要求全英文讲解，并且设置一定的互动环节，通过答疑解惑加深学生对文化的掌握程度，同时还能够锻炼学生的英语口语、知识传授能力等，无形中开阔了学生的职业生涯道路。在课堂外，学校还可以开展“第二课堂”教学方式，加强校际之间的学术合作交流，争取在校内举办大型英语国际比赛、学术活动等，注重人才引进，为学生提供跨文化交际的“窗口”和“桥梁”，让学生足不出户体验真实的跨文化交际实践。

（三）定位英语教学，更新考查评价标准

教学评价和考核是推动英语课程建设的重要手段。随着大学英语跨文化交际课程的设置和更新，亟须充实相对应的考查标准。大学英语课程评价的目标是构建校本评价与多样化评价相结合的综合评价体系，应该对课程体系进行全面、公正的评价，为教学和课程提

① 刘先林.基于跨文化交际的大学英语教学模式研究[J].求知导刊，2019（10）：86.

供反馈信息。大学英语教学相关主体应完善考核指标，将原有的“课程设计”“教学内容”，扩大到“教学目标”“评价与测试”“教学管理”以及“教师发展”范围。根据考核指标，考核部分应定期采集有效信息，分析整理后公布考核结果，以供教学主体查漏补缺，起到相应的激励作用。与此同时，评价应该以“学校自主考核为主，校外多元化考核为辅”的方式进行，必须强化落实，改变现阶段流于形式的考核现状，避免人力、物力等资源浪费。学校自主评价时一定要自上而下引起重视，让教师和学生充分参与其中，必要时采取多次评价方式，即与“过程性评价”相结合。采用校外多元评价方式时，即教育部相关部门根据不同地区、不同学校和不同生源制定相对应的考核细则，保障考核结果和数据有价值。在整个过程中，评价主体都应增加跨文化意识、能力和内容考核比重，重点测评英语教学在跨文化交际方面的教学效果，以真正明确大学英语教学定位。

第二节　英语教学中的跨文化交际法体现

随着经济全球化的发展，国际交流日益频繁，而英语作为国际指定的官方语言，成为国际贸易、学术交流等活动的重要沟通载体。在英语教学过程中，基于英语教学重点与难点，运用跨文化交际法，从文化交流与碰撞的角度出发，结合学生的专业特点，有效创设、充分利用多种教学条件，让学生接触多种文化，从而使其深刻的认识、理解中西方文化差异的敏感性，提升其跨文化交际能力与水平。

一、英语教学中跨文化交际法的应用原则

第一，相关性原则。在英语教学中运用跨文化交际法，应确保引入的文化因素与文本或日常生活有着密切的联系，如此学生才能更容易地接受语言和文化知识。针对不同专业的学生，在文化材料选择上，可挑选更具针对性的内容，在教学实践当中，利用相关的文化内容进行教学导入，能够让学生在感受文化魅力的同时，提升自身的联想思维能力，逐渐学会连贯、全面、系统地看待与解决问题。

第二，对比性原则。遵循对比性原则，将跨文化交际法运用到大学英语教学中，即通过对比两种文化，发现其中的异同。在认知心理学中，学生在文化学习过程中，更容易接受文化之间的相似之处，而对两种文化之间的差异的理解，往往不够深刻。因此，教师需要采取多种手段，向学生呈现文化差异，一般而言，这种差异往往在汉语当中缺乏对等的对应语，需要从文化背景着手，对其进行深刻解读。在跨文化交往中，对于一些约定俗成的文化正确运用，是确保交流顺畅、愉快的必要前提。例如，在日常交往过程中，若处于正式场合，无论教师多随和，都应以“头衔＋全名”的形式称呼教师，而不能单用名字称呼对方；到家中拜访朋友时，一般要早到 5 至 10 分钟，显示自己的礼貌。将跨文化交际法应用于大学英语教学当中，其主要目的就是要让学生养成良好的交际习惯，避免在真正

的交际情境中过于紧张，对提升沟通的有效性具有重要意义。

二、英语教学中跨文化交际法的应用策略

（一）设置导入型课堂

我国的大学英语教学所面临的一大教学难点就是缺乏语言运用环境，导致学生在课堂学习过程中，由于对西方文化知识的认识与了解程度不高，而制约学生的学习进度与学习效果。因此，在课堂教学过程中，要充分运用文化导入的教学方式，在丰富学生相关跨文化知识的同时，有效活跃课堂氛围，激发学生的学习兴趣。

以听力教学为例，在教学过程中，过多的听力材料和练习任务，往往会增加学生的学习压力，而难以达到预期的教学效果。因此，教师应选择逻辑清晰、简洁、有趣的听力材料。学生在听取对话时，应根据人物的语气变化，了解情节的变化，加深对材料的认识。例如，阅读教学中，学生往往会遇到多种英语文化元素，应将阅读视为一种跨文化交流活动，在教学实践中，教师可充分利用文化因素，达成相关教学目标。以“时间”与“友谊”这两个文化元素为例，可通过自然处理与导入的方式，让学生对这两种文化概念进行深刻认识。教师可以为学生划分学习小组，每小组要在规定的时间内，阅读并总结关于时间的文章，小组代表要对综合组内成果进行演讲，在整个过程中，小组成员之间利用自己的文化储备，进行有效的交流，能够综合培养学生的合作交流能力、概括能力以及文化运用能力。关于“友谊”教学，教师可让学生给好友写一封信，从格式、行文习惯等角度上，引导学生深刻认识中西方文化的差异，为后续的实际交流奠定良好基础。

（二）创设跨文化语境

在英语教学中，采用跨文化交际法进行课堂教学，教师应培养学生的跨文化交际思想，通过创设文化语境，能够起到良好的教学效果。最常用的文化语境创设方式，就是借助文学或影视作品。基于文化知识创设真实的语言情景，对于英语学习能够起到事半功倍的效果，含有丰富文化的语境，能够促使语言交流更加顺畅。因此，在教学实际中，教师应向学生阐明教学内容所处的文化背景，以及其中涉及的文化因素，在此基础上，还可以组织学生进行角色扮演，以刺激学生的学习动机，加深学生对文化现象的理解，有效培养学生对文化知识的运用能力。经过长时间的课堂观察发现，在英语课堂教学活动中，角色扮演活动能够有效带动学生的主动表达欲望，教师可设置一个切合生活实际的主题，而学生则围绕着这一主题，创造对话或使用非语言进行交流。

在小组活动中，学生可结合教师反馈办法推动课堂教学与自主学习的进行。从第一个小组成员起，每一个小组成员都有机会对给定的信息进行重新整合，经过多次的整合、重塑、校正后，得到最合适、最合理的创作素材。小组成员之间的互相交流，不仅是表达自身所了解的信息，还应对其余成员表现出来的错误语法信息、文化观念等提出质疑，并通

过多种途径进行求证，有效、准确地纠正错误。在小组活动结束后，教师应就文化观念进行二次校正，教师的指导往往比同学之间的校正更容易给学生留下深刻的印象。在类似的小组活动当中，一旦出现语境偏离的现象，则说明学生对跨境文化环境下的交流目的、分配角色等了理解存在偏差，教师应及时对其进行指导与改正，从而激发学生在特定语言环境中，探究英语及英语文化的正确运用方式的积极性。

（三）构建协作学习模式

协作学习模式源于建构主义中的一种学习理论，在现阶段的英语教学中较为流行，学生们在课堂学习或课后活动中，以协作的形式达到学习目的。在现代信息技术的发展推动下，这种学习模式得到的广大学生与教师的认可，目前常用的协作学习模式包括竞争模式、协同模式和辩论模式三种。对跨文化交际法在英语教学中的运用及效果进行分析，有利于明确跨文化交际法的应用价值，进而推动其在大学英语教学中的普及。从多个角度着手，综合培养学生对东西方文化异同的正确认识，能够避免学生在实际交往与交流过程中，出现交际失败等现象，促进大学英语教学效能最大化的有效实现。

第三节　跨文化交际与英语教学融合的策略

一、深化教学大纲与教材品读

教学大纲是教学所要遵循的主要依据，但是大纲中对文化教学的内容、目标、方法或要求并没有明确的描述。大纲对听、说、读、写等知识性学习与技能性训练的指导相当成熟，而且十分完备，但对文化学习还没有给予充分的重视。语言教学如果不讲文化，就会变得单调枯燥、缺乏美感；讲文化，现实中又缺乏一定的指导。因此，教师需要对大纲进行理解与深化，领略大纲精神，依据大纲原则，结合学校情况以及学生专业特点，制定出与本校情况相符的文化教学原则，对教学内容、目标以及基本要求加以确定，从而使语言课更有趣，也更有深度，促进学生人文素养的提高。

教师只有对教材有深入的理解，在课堂上才能做到张弛有度，同时激发学生的学习积极性。教师对教材的深刻品读体现在一个词汇、一个语言点、一个文化现象，这些均能结合个人的积累在课堂上进行深入的拓展。教材中罗列出所涉及的所有语言知识和文化知识是不可能的，教师应结合班级的实际情况，有针对性地对学生感兴趣的主要问题予以拓展、补充。此外，教师可以开发一些与文化学习有关的补充材料，尽可能地满足学生的文化学习需求。

二、丰富课堂教学的内涵

丰富课堂教学的内涵，能强化教学中的文化性。具体而言，教师可以采取以下策略：

第一，充分利用多媒体直观教学。多媒体直观教学将教学材料生动地呈现给学生，能调动学生学习的积极性，给学生留下深刻的印象，更好地完成教学任务。例如，在具体的教学过程中，教师可以通过电影短片来反映中西文化差异，多媒体便于控制，并且能反复播放，学生可以对短片进行模仿或改编，将学习与练习相结合，更好地理解与把握文化差异。需要指出的是，多媒体教学也存在一些不足之处，如果教师不注意克服，会使教学流于形式。教师在制作多媒体、实施教学环节设计时要把握好科学性与实用性，从而获得良好的教学效果。

第二，加强英汉语言、文化差异的宏观比较。语言是传递文化的媒介，通过对语言进行宏观比较，可以更好地理解文化差异，促进语言学习。通常而言，一个人对文化理解越透彻，对语言理解就越深入。在大学英语课堂上，教师对英汉语言、文化差异进行宏观比较，有利于学生从整体上把握两种语言与文化的差异，从而正确地使用英汉语言，促进跨文化交际顺利进行。

第三，发掘文学作品中有益的文化素材。文学作品中通常含有很多文化素材，能体现出较为深层的文化底蕴。中国与英美国家在历史、地理、风俗等方面存在显著的差异，但是文学作品中都蕴藏着浓厚的民族文化意蕴。人们可以通过其他文化对自身文化进行反观，在接触其他文化的过程中，对自己民族和世界其他民族的差别与联系有更深入的理解，进而对文化有更好的认知，这些文学作品中的精髓通常会对民族性格与精神产生深远的影响。学生经常阅读这些作品，能够锻炼并提高思维能力、鉴赏能力，能够对不同社会的文化行为与价值观进行理解。

三、积极组织课外文化活动

第一，文化讲座。教师可以邀请文化学者和专家进行文化讲座，有效地帮助学生提高文化修养。文化讲座通常主题明确，论证有力，兼备高度、深度与广度。通过文化讲座，学生能快速地了解英美国家的文化背景知识。此外，文化讲座中经常会安排讲座者与听众的互动，学生可以就自己思考的问题与讲座者进行交流，这有利于锻炼学生的文化思维，提高学生对文化的认识。“通过对英语国家的历史地理、风土人情、传统风俗、生活方式、文学艺术、行为规范和价值观念等文化知识的学习，不断强化英语文化意识的培养，有助于学生深入了解英语民族的思维方式和思维习惯，理解英语所蕴藏、承载的思想内涵”①。

第二，关注大众传媒。文化传承是大众传媒的主要功能之一，在日常生活中，常见的大众传媒有广播、电视、图书、报纸、杂志、网络，它们一般具有较强的实效性。通过大众传媒，学生可以了解最新的资讯，把握世界文化的脉动，教师可以就某一文化热点问题给学生布置作业，要求学生对此展开讨论，使学生通过对这些问题的关注逐渐了解相关文

① 张懿.论大学英语教学中“跨文化交际意识”的培养[J].大家，2010（13）：358.

化的内涵，更好地认识世界。

第三，英语文艺会演活动。英语文艺会演活动可采取多种形式，对提升学生的英语学习热情、巩固英语运用能力等都具有不可替代的作用，具体体现在：1. 在英语文艺会演之前，每个参与者都必须进行相关准备，这有利于在无形中提高学生的语言能力；2. 英语文艺会演的节目水平通常与学生的英语学习水平相当或者更高一些，这对于表演者、观看者都能起到巩固学习成果、深化对语言知识理解的作用；3. 英语文艺会演气氛轻松、趣味性强，可使学生真实感受英语的实际作用，所以很容易激发他们对英语学习的兴趣与热情；4. 参与表演的过程是一个极好的展示机会，学生既可使听、说技能得到很好的锻炼，还可以通过表演树立自信心。

第四，英语专题性活动。开展专题性英语实践活动，不仅有利于学生协调发展阅读、写作和口语交际能力，还有利于提高学生在实践中综合运用语言文字的能力，因而也是英语课外教学活动的一种有效方式。英语教师组织专题性活动时，应从三个方面进行综合考虑：1. 学生的英语水平和生活经验；2. 学校和学生的实际情况；3. 依据活动主题的不同特点，灵活选择完成方式，如独自完成或小组合作完成。

第五，英文歌曲演唱。在课外活动中，英文歌曲演唱也是比较常见的一种活动。教师应鼓励学生参加英文歌唱小组，这样既能使学生的心理需求得到满足，也有利于促进学生听力水平的提高。与此同时，教师可将英文歌唱小组与英文歌唱比赛两种活动结合起来，并计算出成绩，依次排序，使学生获得成就感，同时提升学生的集体荣誉感，培养学生的团队合作精神。教师应认真选择英文歌曲，具体需要注意：1. 内容的趣味性。为了激发学生的兴趣，使学生主动参与活动，教师应尽可能选择内容有趣的英文歌曲，让学生感受听歌与学歌的乐趣。2. 语言的真实性与可操作性。教师既要确保所提供的英文歌曲语言的真实性，使学生在真实的语境中学习纯正的英语，又要确保歌曲语言具有可操作性。3. 难度的层次性。学生的语言水平与听力水平不同，教师可以据此分配小组成员，并为不同的小组选择不同难度的英文歌曲。

第四章　跨文化交际与英语教学融合的模式

第一节　跨文化交际背景下的英语教学模式

在国际交流和合作中，英语是使用最为普遍的交际语言，其既是语言技巧的体现，也是不可或缺的文化载体。每个国家的价值观念和风俗习惯都各有不同，想要学好英语，不仅要对基本的语言知识技巧进行掌握，更要对不同国家的文化内涵有所理解和认识。

一、跨文化交际背景下英语教学模式存在的问题

从英语教学实践来看，语言知识传授的受重视程度是非常高的，在词语分析、语法讲解以及句型操练上给予了大量的关注，而在文化差异以及文化内涵上却往往采取忽视的态度，这便是由典型的语言工具论所造成的，其认为语言只是一种符号。在这一理论的影响下，人们一直将学生的语言能力作为大学英语教学的唯一目标。

“语言本身的教学成为课堂教学的重要内容，而和语言息息相关的文化因素的教学却不受重视”[①]。全球经济一体化和多元化的深入推进要求英语教师也要与时俱进，强化跨文化教学理念，并将之作为自己教学的目标，将文化知识的教学和语言技能教学放在同等重要的地位，不但要提高学生的语言能力，也要提高学生的跨文化交际能力，这样才能使学生的发展更加符合社会发展需求，减少和防止学生在跨文化交际过程中出现的语用障碍和语用失误等。不过从目前教学的情况来看，想要真正落实跨文化教学还需要很长一段时间。学生和教师认识上不能达成一致是影响教学目标和教学内容改革的重要因素，极大地抑制了跨文化英语教学效果的提升。

（一）跨文化英语教学理论支撑有待规范

没有从宏观上对英语教学进行规范和指引，是英语教学的一个重要特征，也是英语教学理论体系难以形成的主要原因。中国的英语教学理论通常是从国外引入的，与中国的英语教学实践是分离的两个体系，从而无法对教学实践产生积极的引导和帮助作用。而且从管理上而言，相关工作人员没有对英语教学理论引起重视，很多专业的建议和指导都得不到充分的认可。在编写教材、制定评估标准以及设计课程标准时都没有必要的、科学的理

① 赵伟.大学英语教育中的跨文化交际能力培养策略[J].黑龙江高教研究，2016（5）：142.

论进行规范。

为了促进国内英语教学的改革，中华人民共和国教育部先后发布了大量的英语教学文件以及英语教学大纲，但是任何一个文件和大纲都以语言教学为主，对文化教学的重视程度非常有限，因此也没有形成系统的文化教学内容、文化教学标准以及文化教学方法体系。这也导致教师在授课过程中缺乏必要的标准和要求的规范，对文化知识的传授仅靠自己的理解和兴趣，使得系统性教学存在较大的不足之处。这与跨文化教学目标还有着较大的差距。

（二）学生学习英语文化心态有待调整

国内的英语教学环境和目的语文化环境的差异是较大的，而汉语是汉藏语系的一种，其与印欧语系的关系不大，在语言特征、文化传统上都相去甚远。而高校学生进行英语学习的目的也非常明确，那就是顺利通过考试并毕业。为此，英语学习的主要目标是为了考试。整个课程设置也限制了语言教学的发展，况且对语言学习效果进行验证最好的方式就是考试。另外，从教学条件的角度而言，国家人口和教育发展的速度和教育经费的增长速度不相匹配，师资力量无法跟上发展要求，师资质量也达不到目标要求。学生的英语水平和基础各有差异，教师因材施教的难度较大。社会、家庭和学校能够提供的语言学习环境也是非常有限的，无法为学生提供真实的模拟学习环境。这些原因都导致英语学习效果差不够理想，还需要从各个方面着手来促进跨文化教育的发展。

现在，英语教学和国家的经济、社会发展需求还相差甚远。首先，学生学习知识的能力尚可，但是实际运用能力却非常薄弱。尽管一些学生表现出较强的语音能力，但是在跨文化交流上却不尽如人意，对有关的交际规则、礼貌规则和交际方略的掌握都还有所欠缺。不能全面系统地了解和认识目的语国家的社会文化背景以及思维方式，对其文化内涵的认识不够透彻等，使得学生在跨文化交流中处于不利地位。其次，学生对中华传统文化的认识也比较欠缺。受网络文化的影响，各种信息和技术时刻充斥在学生周边，造成学生对本国传统文化的认识和理解不全面。最后，虽然学生都参与了其他文化的学习，但是却没有形成科学、合理的认识。因此跨文化教育是迫在眉睫的重要任务，让学生们对其他文化持有更加平和、开放、尊重和宽容的心态，引导他们正确地认识跨文化。

（三）跨文化教育教学方法缺乏多元性

教师对跨文化教育的教学方法还不能进行灵活运用。从现在的情况看，对现代教学方法的掌握和灵活运用能力有限是大部分英语教师的通病，能够根据实际情况展开教学方法的教师非常之少。教学过程也往往比较重视句法、语法以及语言交际的运用，对文化因素的重视程度有限。对书本知识比较注重，很少引导学生进行跨文化知识的学习，这不利于学生视野的拓展。教学中也以教师为中心，不利于学生主体作用的发挥。虽然尝试了各种跨文化教育的英语教学方法并收到了一定的成效，不过却没有形成系统，只代表了不同时期的不同教学理论。

近年来，国内也引进了很多国外优秀的教学经验和教学方法，这在一方面有利于英语教师素质的提高；另一方面也让英语教学焕发了新的生命力。而对各种现代化的教学方法和经验进行融合交汇是提高跨文化教育效果的重要途径。

（四）跨文化教育内容在英语教材中有待加强

在语言教学过程中，要将文化教学的目标和文化成果区别开来。现在还没有形成有效的文化导入式教材，这也导致可供参考的数据不多，有声数据的系统性不强等问题，词典上和教材上的文化释义也极其有限。

国内非英语专业的大学英语教材和阅读材料通常是对西方国家的社会和文化背景进行介绍。有关跨文化交际的内容比较有限，而且也很少涉及中国传统文化部分，文化知识以及社会知识的介绍也甚少。这从开阔学生视野的角度来看是非常不利的，对于学生英语表达能力和交际能力的提升也没有多大效果。

学生想要提升自己的跨文化意识和跨文化交际能力，就必须先建立起本国文化和目的文化之间的关系，同时还要对其他的文化进行一定的认识，这种认识是非常重要的。不过可惜的是，很多英语教材中基本没有包含其他国家的文化知识，更不会存在建立英语跨文化教学的普遍规律。由此可知，国内大学英语跨文化教学的一个显著问题就在于没有合适的、科学的文化教学材料。

此外，教师对教材中文化内容比重的看法各有不同，并都有自己的评价标准。不过综合来看，大部分教师还是认为文化内容偏少。国内的英语教材有以下特点：

(1) 国内目前普遍使用的英语教材没有系统地进行文化教学内容的组织和编排，而且缺乏必要的文化导入教材参考资料和有关的有声资料等。

(2) 教材中很少涉及中国传统文化的内容，这不利于学生在面对文化差异时保持平等的心态，也不利于学生提升文化鉴别能力，这将极大制约中国传统文化的传播。

(3) 教材中很大一部分内容都是说明性和科技性较强的文章涉及伦理道德、民族风情等英语国家精神层面的内容很少。

(4) 教材中没有很好地体现文化内容和语言内容的结合。大学英语教材的一个显著特征就是比较注重语言能力培养的内容，而有关文化背景知识的内容非常少。以文化为基础的语言教材在国内比较少见，就算有也是为了语言学习而存在的，这也无法充分体现出文化教学的价值。

尽管各类英语教材都在尝试以情景重现的方式来呈现异族文化信息，从而达到提高学生英语交际能力的目标。不过旅游式的文化内容不利于深度和广度的拓展。这也导致学生只看到了文化内容的极小部分，无法形成深入的文化体验，其积极性和主动性都受到较大的影响。学生必须对从不同层面、不同角度去了解目的语国家的文化内涵，才可能在跨文化交际上有所突破。

二、跨文化交际背景下英语教学模式的问题成因

对于跨文化教学，教授大学英语课程的教师和学习这门课程的学生都不太重视，教师在教学方法和跨文化的交际能力上存在很多问题。教师上课时，教学内容很少甚至没有涉及文化内容，更别说中国文化的导入。究其原因，很多主客观因素都会影响他们的思维方式和教学方法。随着国家的综合国力和国际地位不断提高，用英语进行国际交流、开展对外宣传工作迫在眉睫。但是，英语跨文化教学中存在的问题必须得到重视，要解决这些问题，必须溯本求源，分析其根本原因，找出关键问题，从根源上真正解决问题，推动跨文化英语教学的有序开展。

（一）英语教学层面的问题成因

1. 教学理念的偏差

大学英语教学课程中文化教学内容的缺乏，与许多因素有关，但是教师是关键因素。第一，教师自身缺乏文化方面的培训、体验，导致知识储备缺乏，对文化的理解不够深入，无法系统地传授给学生；第二，当今许多英语教师都是传统教学方式的产物，他们接受的教学方式只注重语言形式，较多为了应付考试，而真正能应用到交际中的技巧比较少，他们又把这种偏差的教学理念传授给自己的学生；第三，上课时教师的教学内容很少涉及实战应用，在现实社交中能应用到的技巧很少，甚至他们自身对交际中如何得体应用英语的认识也很少，同时，他们对英语文化内容的介绍较少，只涉及表面的简单说明，往往忽视了英语的背景和社会环境等重要因素，忽视了学生实践能力的培养。

2. 教学目标的不确定

在英语跨文化教学存在的问题中，学校也是其中一个重要的环节。学校到学校领导人往往忽视英语教学中的跨文化教学内容，认为英语教学是人才培养体系之外的内容，没有将这两者有效结合起来，融为一体，因此，本校的英语教学目标自然会出现偏差。由此可见，学校的教师对于教学目标和课程标准也无法进行清晰、准确的定位，在课程上也无法利用合适的教学方式和教学理念为学生传授知识，纯属为了应付考试。而且大部分大学老师在大学英语的教学中，将通过英语四级和六级作为教学目标。总而言之，现在国内许多高校的英语教学课程对教学目标尚未形成准确定位，更别说重视培养学生的跨文化交际能力。

3. 教学内容选择的失衡

我国英语教学都以语言教学为主要教学内容，常用的教材内容包括语法项目表、语言技能、词汇表和功能意念表，这些内容也是测试主要考查的内容，但涉及文化方面的内容很少。由此可见，我国英语教学内容选择的失衡造成教学内容产生偏差，文化教学相对不受重视。

虽然近年来人们越来越重视文化内容，英语教学中涉及文化教学的内容不断增加，人们的英语文化观念逐渐增强，但需要注意的是，涉及的这些文化知识更偏重目的语，突出英语母语负迁移，对中华传统的优秀文化涉及较少。可是往往充分掌握本民族文化才能推动目的语的学习，特别是在英语交往中，这样有利于用英语宣传和推广本民族的优秀文化。这便是目前英语跨文化教学中出现的新问题。因此，在英语教学过程中，不仅要注重文化教学，更加要在文化教学过程中加强对中华传统文化的理解和掌握，才能真正在全球推广中国的优秀传统文化。

4. 教学策略的不合理

评判教师的教学策略是否合理的标准在于教师能否将有效、适合的学习方法和经验教授给学生。如果教师恰当运用较好的教学策略，促使学生在学习过程中不断提升，学习目的性不断加强，让他们觉得学习是个愉快的过程，那么教师的这种教学策略就是“语言学习策略”。

学习策略可以分为两大类，每种大类又可以细分出六种小类。两大类分别是间接策略和直接策略，其中间接策略可以细分为社交策略、情感策略和无认知策略；直接策略可以细分为补偿策略、认知策略和记忆策略。在教学过程中，学生学习效率的高低、学习方法的优劣和教师学习方法的优劣，与老师是否教会学生教学内容、培养好学生良好的学习习惯和学生是否掌握了较好的学习方式、学习策略有密切的关系。

5. 文化教学知识的缺乏

我国的英语教学都以传授语言知识体系为主要内容，包括语法、语音、词汇的理解和应用，对句法和语篇结构的分析等，各种考试和评估也是围绕这个开展。到了大学英语教学中，由于结构语言学、转换生成语言学、传统语言学等语言学理论的影响越来越大，大学英语也把语言作为主要研究内容，将教学的终极目标设定为不断培养和提高大学生的语言能力。由此，我国在英语教学方面形成了以语言知识体系为主的教学方式。

长期以来，关于大学英语教学的相关话题：语音、词汇和语法等内容随时被提起，但是对于传授文化知识的内容，大家会毫不重视地把它放在末位。理想和现实总是有偏差，课堂中，教师往往告诉学生如何使用英语时更为流畅，哪种语法结构是正确的，较少告诉学生如何在交际中得体、有效使用英语，由此可见，英语这种语言的内涵和交际规则没有被挖掘出来，而这恰恰是实际应用中最重要的环节。

在我国的传统教育体制下，评估英语水平高低的唯一标准就是考试分数的高低，这条标准适用于任何学生，但是真正的问题在于考试内容。首先，考试内容主要是语法、语汇、语言结构等，有特定的考试题型，对文化内涵、语言学校特点等内容的考核较少，甚至老师为了提高学生的成绩，针对特定的题型和考试内容进行分析讲解，对英语文化和背景却丝毫不重视。其次，家长的态度有偏差，在家长看来，分数是学生应关心的重要内容，而不是实际应用能力。在应试教育的背景下，只要学生分数高，就会受到家长与教师的喜爱，能流畅使用英语表述清楚的学生很少。

对于我国的英语教学而言，这个问题是个长期存在的历史问题，许多学习英语的学生虽然接受了许多年的英语课程学习，但是综合使用英语的能力还是比较弱，在与外国人交流时无法得体地使用英语，那些长期积累的词汇和语法更适用于应试教育。

（二）跨文化交际层面的问题成因

受经济全球化影响，来自不同文化背景的人们交流越来越频繁，如果在交际过程中不能将文化、思维方式和价值观念等内容进行统一，沟通肯定会面临许多困难。跨文化交际就是不同文化之间的跨界交流，其影响了我国以往的英语教学方式。

1.对中、英文化差异缺乏理解

当不同的文化之间进行交流时，任何一种文化都会对其他文化造成刻板印象，用已有的文化观念去形容其他文化，这种方式其实本身没有较大的问题，但是往往这种刻板印象会忽略其他文化的重要部分，对于认识其他文化形成一定偏差，最后导致持有这种文化的人对其他文化的认识与真实形象产生出入。

学生在进入大学后接受的教育方式和教育内容都是以中国传统文化为基础，他们的行为准则、思维方式、价值观念、道德规范等方面都形成了一定的模式。当他们进入大学校园后，处于一种相对开放的生活环境，接受来自不同社会、不同国家的文化理念，特别是西方的文化、价值观念和思维方式对大学生已有的传统文化模式形成巨大的影响，这为大学生认识不同文化产生的文化差异增加了许多问题，对他们开展跨文化交流产生不利影响。因此，大学生对社会文化能力的掌握程度与跨文化交流能力的高低有密切关系，如果语言能力较高，社会文化能力也相应增加，跨文化交流则会比较顺畅。

大学生的价值观念在传统文化的影响下形成了一定模式，但是这种模式还需要不断完善，否则无法解决文化差异，也将不利于大学生文化、思维和价值观念模式的完善。因此，高校的培养目标不仅要以社会交际能力、语言能力、专业技能等为主要培养内容，还要加强文化能力的培养，才能帮助他们更好地解决了解文化差异中遇到的问题，不断完善价值观念和思维方式。

2.受中西方价值观差异的影响

价值观作为一种观念具有显性和隐形的特点，对人们选择自己的行动方式、行动目的和行动模式产生巨大影响，它也是跨文化交流的核心环节，往往人们对不同价值观之间差异的理解决定着对跨文化交流的认识，重视价值观在跨文化交流中的影响更加有利于交际顺畅。

在同一种文化背景下，人们在交流中一般会使用统一规范的价值标准来衡量对方的言行举止。但是在不同文化背景下，规范的价值标准有所不同，这些标准只适用于同一文化背景的交流，在跨文化交流中则不适合。所以不同国家之间的价值观念在文化交流中不能进行统一。其实，来自任何文化背景的人在进行文化交流时都可以保持自身的文化特色、生活方式和文化传统。但是人们在跨文化交流时产生的问题并不是来源于不接受这些差异，而是源于没有深入认识和了解彼此的文化理念。如果不能妥善解决这个问题，那么在特殊的语言环境中容易引起问题。

由此可见，我国的英语教学方式深受东西方文化差异的影响。但需要注意的是，在跨文化交流中，错误地使用语言的方式可以被理解和谅解，但是不能忽视东西方的文化差异。东西方文化差异和价值观差异集中体现在语言的方方面面，这也是跨文化交际出现问题的主要原因，因此在英语教学中这个问题应该引起重视。

3. 受中西思维方式差异的影响

由于地理环境、社会生活和历史背景的不同，不同国家之间形成不同的文化传统和思维方式，并且各具特色。尤其是不同的思维方式，更加体现出不同国家的区域特点、特征和社会背景特点、时代特点的不同，还有文化传统和民俗风情的不同。

一个国家的思维方式是该国家文化心理特征的集中体现，将文化与语言紧密相连，但又制约着文化心理各个因素的发展。思维方式体现在各个方面，如制度、物质、精神和行为等，因此不同国家之间具有不同的思维方式，而不同的思维方式往往决定了不同的文化差异。其中，语言是思维方式的表现形式，也是重要构成要素和工具，极大地推动着思维方式的形成发展、逐渐完善。思维方式的不同也会引起语言差异，所以要想对语言和文化差异进行深入研究，先要对与思维方式进行深入、具体的分析和研究。

(1) 中国的悟性思维与西方的理性思维。常见的思维方式分为两种，分别是悟性思维方式和理性思维方式。西方人的思维方式是理性思维，中国的思维方式表现为悟性思维。这两者之间各有特征，西方人思维主要体现在较强的逻辑性上，具有客观性、分析性和抽象性等特征；中国思维具备较强的形象性，具有整体性、形象性和直觉性等特点。可见，中国人更加注重感官体验，如领悟、体验和直觉，具体表现为悟性主义；西方人更加注重逻辑性和客观性，具体表现为理性主义。

因此，中国人的悟性思维方式决定了中国人在认识事物的过程中以分析综合的方法为主，通过改变表象认识事物的本质和内在规律，更加突出主体，中国人一般认为利用语言符号来领悟研究对象的内在比较困难，如果将被悟对象和悟性主体之间实现有效融合，实现主体对研究对象的直接感官会更加简单。理性思维主要通过分析和实证的方式认识事物，对事物进行分析和推理，突出具体和部分的结合思考。总而言之，中国人的悟性思维方式和西方的理性思维方式在中西文化的各个方面都有具体表现。

(2) 思维差异的影响。国内学生在学习英语的过程中，经常会把中文的思维方式带入到英文表达中，忽视了中西文化差异，期望交流对象以同种思维方式进行思考和交流。在和其他文化进行交流时，学生又经常用汉族文化的思维方式来认识其他国家的风俗习惯和文化行为。而这种错误的认识文化的方式，给跨文化交流带来不利影响，容易形成许多误解和矛盾，在特定的语言环境下可能会引起文化与文化之间的问题。

三、跨文化交际背景下英语教学模式的构建策略

跨文化交际在高校英语教学中有着重要的作用，因此，高校英语教师应不断提升自己的教学理念，构建跨文化交际背景下的英语教学模式，进而培养大学生的跨文化交际能力。

（一）转变英语教学观念

高校英语教学中往往只注重培养大学生的听、说、读、写译等方面的能力，其教材设置也是基于此而研发的。但是随着新时代下跨文化交际日趋密切的情况下，传统的英语教学模式已难以适应社会的需求和时代的发展。一些教师还沿袭着传统的“教教材”的英语教学方式，一味地讲解教材和分析教材，使得大学生对这种枯燥乏味的教学模式，早已丧失求知的欲望和学习兴趣。而在跨文化交际背景下，教师必须与时俱进，转变自己的教学观念，深入研讨高校英语专业教学人才培养方向，在英语教学的过程中有效渗透跨文化交际的内容，构建全新的高校英语教学模式，这要求教师在英语教学中不能只传授词汇、语法、句型结构、短语搭配等基础性知识，还要在英语教学过程中结合英语语言的文化背景，不断地向学生进行渗透，在丰富英语教学内容的同时，也使得高校大学生自身英语语言的实用性得到加强。唯有秉持这种教学观念，才能将跨文化交际背景下的英语教学工作得以有效落实，使大学生能够在掌握好基础知识的同时，还能有效习得良好的英语交际能力和口语表达能力。与此同时，跨文化背景下的高校英语教学，不仅能够极大地拓宽大学生的文化视野，使得大学生的知识面更广，也能促进其跨文化交际能力的有效生成。

（二）改进英语教育教学方法

在传统的高校英语教学中，教师惯于引导大学生对英语内部结构和语言形式进行探究性学习，而轻视了英语语言意义及其语言形式的有机关联。而教师在英语教学中的这一教学倾向，使得大学生在英语学习中对英语知识只注重表层的理解，而缺乏对语言的本质进行深入的挖掘和探究，致使其自身跨文化交际能力弱。当身处不同文化背景的交流与交际中，难以准确地运用英语语言进行对话。鉴于此，高校英语教师就要在英语教学过程中，不断改进自己的教学方法，根据教学需要有机渗透有关跨文化交际方面的教学内容。同时，通过组织和开展多种形式的教学活动，灵活运用多种教学手段，加强跨文化交际的实践探究和教学研究，最大限度地提高跨文化交际的有效性。

（三）加强英语互动课堂的搭建

跨文化交际背景下高校英语教学模式的构建，倡导的是在英语课堂教学过程中开展主题式的情景对话与交流，让高校大学生在特定的情景对话与交流中不断生成跨文化交际能力。这需要英语教师在教学的过程中，引导和组织大学生围绕某一主题，进而搭建互动式的交流平台，使大学生得以在英语课堂的情景互动与交流的过程中去发现问题。而后，再

引导大学生根据其所发现的问题，去深入地分析问题，再解决问题，直至能够正确表达该情景下的英语语言的特定意义，能够与他人进行准确有效的语言交流。

此外，除了构建互动式英语课堂上的情景对话与交流，还可以引导大学生将跨文化交际活动投放在课堂之外，通过课内学习与课外活动相结合的实践探究式教学模式的有效开展，使高校的英语课堂教学得以从课内延伸到课外，促进其跨文化交际能力的有效生成。与此同时，互动式英语课堂教学，有利于营造平等的师生关系，对增进生生互动、师生互动有着重要的意义，而在这个互动交流的过程中也能极大地促进大学生英语学习能力和跨文化交际能力的提升。

第二节 英语跨文化交际教学的协作学习模式

协作学习模式是基于建构主义的一种学习理论，也是最近比较流行的一种学习模式，让学生以协作的形式，以课堂上教师讲授，下达教学任务，同学之间互相合作，相互探讨，来达到学习的目的。在目前的信息化技术水平高速发展的今天，这种通过小组或者小团队的形式进行学习的方式，越来越受到大众的欢迎。目前的协作学习模式主要体现在三种方式：第一，竞争模式，让学生组成一个小组，在学习完毕之后相互竞争，小组内成员互相竞争，能提高学生的学习积极性；第二，协同模式，主要是让一个小组内的学生相互协作，在学习时遇到不会的内容时，相互指导，互相促进，更好地提升学习效果，增加了学生体验性；第三，辩论模式，该种学习方法较为激进，教师课前需要准备好一系列的问题，到课堂中提出问题，让学生利用掌握的知识在课堂上以辩论的模式，来进行学习。

一、网络环境下的英语跨文化交际教学协作学习模式

（一）协作学习模式及其方法

基于网络的英语协作学习是指利用计算机网络以及多媒体等相关技术，建立协作学习环境，使教师与学生、学生与学生针对同一学习内容彼此讨论、交互合作，以达到对教学内容比较深刻的理解与掌握的过程，其实现方法如下：

第一，协作小组的划分。协作学习中，小组成员的确定是至关重要的，也是学习任务完成的关键一步，学习者根据各自的兴趣、爱好和特长，5 人组成一个小组。在组建小组时，应当尽量确保小组内的学生能够相互取长补短，即小组成员是异质的、互补的。分组时应考虑以下因素：学生的性别、能力、爱好等。

第二，明确学习目标与任务。分组后，首先应明确小组共同的目标和协作成果的评价标准；其次小组成员通过讨论与协商，制订出协作计划和完成任务的时间表，并为每个人

分配相应的角色，明确每个成员的任务职责，将个人的成果和小组的成果统一综合起来。

第三，选择合适的语料输入。网络环境下的协作学习不同于传统的协作学习，不是全班围绕一个问题进行学习，然后各小组对教师指定的学习内容进行组内讨论，而是在线的学习者通过虚拟的教室，利用电子公告板或电子邮件（E-mail）等工具进行组内讨论。因此，网络教师选定适合的协作学习内容非常重要，学习内容不但要难度适中，还要内涵丰富。学习者不但能够通过网上的资料检索自己想要的信息，还要有进一步讨论的空间。完成内容的选择后．网络教师还要指派一名组长，并指导组长把内容任务细化至每个在线学习者，进行合理的分工。每一次学习交流中，小组的任务不同，个人的任务也不同，大家相互联系、相互配合、取长补短，通过网络形成有机的学习整体。

第四，指导小组成员进行课外讨论学习。每一个在线学习者在确定小组以及个人的任务后，网络教师就要引导他们进行课外的协作性学习。学习的渠道可以是多种多样的，如通过因特网、书籍、报纸、杂志等收集信息，通过社会调查，包括采访、参观、问卷等获得第一手资料等。此时网络教师也应为学习者创造相应的条件，如辅导他们查阅检索文献的方法、培训他们的计算机技能，提供一些网址和大型的网络检索工具，等等。学习者可以自主地进行学习，遇到难题时通过网络求助教师、同学以及网络上任何一位对专题感兴趣的人。通过上述活动，培养学习者运用信息工具的能力，特别是从计算机网络中检索信息的能力，使学习者具有敏感主动的信息意识，能够根据自己的学习目的收集整理所需的信息。

第五，小组协作研讨。收集整理完信息之后，学习者要将各自获得的信息与组内的其他成员进行交流。在此过程中，所有的小组成员彼此交流他们的情况，不断地讨论他们弄懂或没有弄懂的问题，然后，将各种信息进行分析、归纳、整理，并提出本组的独立见解，最后形成书面报告。通过对众多信息的思维活动，学习者可以得出创新的结论，培养了他们的创新能力。同时，在小组通过网络工具研讨的过程中，不但强化了学习者使用工具的熟练程度，还培养了他们的合作精神和人际交往能力。当网络教师通过观察或参与讨论，发现小组成员之间的研讨已接近尾声时，便可召集各小组的组长通过同步或异步的方式进行座谈，接受他们的电子文档，听取他们的汇报，协调他们的工作，充当顾问的作用。

第六，学习结果评价。学习评价不仅要对学习结果做鉴定，更重要的是在学习过程与学习效果之间对学习者的学习进行反馈、激励和改进，形成以评促学的动力机制。为此，我们必须对评价机制做一些改革：首先，学习评价必须贯穿整个学习过程，及时发现学习者的问题和成绩，及时进行调控和激励。其次，评价方式要多样化。根据是否数量化，分为定性评价和定量评价；按评价的对象分为自评、互评和教师评价；按时间分为日常性评价、阶段性课题作业评价和学期考试评价。对学习者的每个学习阶段都从课题质量，小组协作、探索和创新三方面进行评价。这样既保证学习者扎实的学习基础和稳固的知识结构，又促进他们综合素质、个性品质等多方面的发展。最后，自评，互评与网络辅导教师评价相结合。阶段性评价要求各小组对内部成员和在小组之间进行自评、互评、教师在此基础上评定小组成绩和个人成绩。自评是自我教育的一种形式，通过自我评价促使学习者一分为二地分析自我、调整目标，激励自我。互评是集体教育的一种形式，互评的过程就是对比、激励，通过集体教育达到自我教育的过程。教师评价是自评、互评的引导和补充，三者结合才能使评价更全面，反馈更及时、激励更有效。

（二）网络环境下协作学习所呈现出的特点

第一，多媒体网络环境在网上教学系统和互联网教学信息提供的丰富性和共享性。丰富健康的学习资源是网络学习得以展开的基础，多元化的网络资源为人与人的协作提供了最大的可能性。

网络向每个人都敞开了信息的大门，使得交流内容更加深入，交流范围更加广泛，协作关系更具有选择性，人们可以和不同的人交流，选择能够解决自己问题的协作伙伴。而基于网络的合作学习由于其技术上的优势，则使许多诸如文件保存、信息处理的任务被隐藏在学生合作学习过程中。有利于参与成员全身心地投入，增加了参与的深度。此外，由于网络信息资源具有丰富性、集成性，学习者能够在较短的时间内完成材料的收集、整理，而把更多的时间和精力投入到合作学习所欲达到的最终目的上去。

第二，借助于计算机网络。学习者学习的分组方式更为灵活多样。在协作学习中学习者的分组是一种灵活的机制，可以包括以个人为单位，以对为单位，以小组为单位或全体成员活动，等等，而且这种分组可以是变化的，特别是在学习的不同时期，必须使用不同的分组，才能最大限度地提高学习者学习的效率。借助于网络环境使得协作学习中的分组更为方便、灵活、多样。

第三，充分体现了合作成员的主体性和意义建构。传统的合作学习，主要依赖的是学习者之间相互协作和共同影响，通过小组成员之间的团结协作，促进学习者之间的相互知识建构、社会建构，从而达到有效的学习。而多媒体网络环境的创建，一方面使得教师在学生意义建构方面的促进作用逐渐加强，教师通过与其他教师及教育技术人员一道通力合作，利用现代多媒体技术，以各种信息方式来呈现信息，既可以对合作学习过程进行总体引导，又能针对不同程度的学生进行个性化的个别辅导；另一方面，学生作为学习的主体和意义建构的主动者的作用也在更大程度上得以体现。在多媒体网络的帮助下，学生可以更好地克服面对面交流时所存在的交际障碍，通过积极参与、互相配合，与教师和同伴一起创设新的教学情景，通过自主探究，更多地积累意义建构时所需的原始材，并通过积极思索，将新知识与已有的知识建立联系。

二、英语跨文化交际教学中协作学习模式的具体运用

协作学习的基本模式有多种形式，如竞争、辩论、协同、问题解决、伙伴、设计和角色扮演等。以下主要探讨英语教学中常用的协作学习模式。

（一）竞争模式

竞争模式是指两个或多个协作者参与学习过程，其期间有辅导教师的参加。辅导教师根据学习目标和学习内容，对学习任务进行分解，由不同的学习者承担。学习者在独立地解决学习问题的过程中，可以看到竞争对手以及自己所处的状态，并由此调整学习策略。辅导教师对学习者的任务完成情况进行评论，其他学习者也可以对其发表意见。各自任务的完成，就意味着总任务的完成。

在进行英语词汇和口语训练时，教师把要复习的单词写在纸上，发给每个两人学习小组（如同桌），让两人围绕所给词汇进行对话。一人给出词语的英语解释，但不能说出单词本身，另一人猜词。如单词 apple（苹果），通过说出 a kind of fruit（一种水果），red（红色的），round（圆的），sweet（甜的），基本上就可以猜出这个单词。最后，看哪组用的时间最少，猜对的词汇最多。通过这种竞争性的猜词练习，不仅能加深对所给词汇的理解，还复习了相关词汇，并且使口语得到了训练。竞争性模式有利于激发学习者的学习积极性和主动性，但是，一定要在竞争的过程中，注意与协作的结合。竞争可以在小组内进行，也可以在小组间进行。

（二）协同模式

协同模式是指多个学习者共同完成某个学习任务，在任务完成过程中，学习者发挥各自的认知特点，相互配合、相互帮助、相互促进，或者根据学习的性质进行分工协作。不同的学习者对任务的理解及视点不完全一样，各种观点之间可以互相补充。学习者对学习内容的深刻理解和领悟，可以在与同伴紧密沟通及协调合作的过程中逐渐形成。在进行英语的阅读和口语训练时，教师可以把一篇文章分为两部分，发给协作小组的两位学习者（如同桌）。学习者一边阅读自己的一半文章，一边积极思考全文大意。然后，两人互相合作，告之对方自己阅读的这一半的内容，询问对方所读到的文章内容，努力弄清整篇文章的大意。然后，用口语将文章的主要内容表述出来。通过这种协作学习，再加上辅导教师的适当讲解，学习者对文章内容的理解和掌握，比传统的教师授课效果要好得多。

（三）辩论模式

辩论模式是指协作者之间围绕给定主题，先确定自己的观点，辅导教师对学习者的观点进行分类，确定正方和反方，然后双方围绕主题展开辩论。例如，在一节英语口语课中，教师可以先确定一个题目，然后根据学习者的观点，把同意这种说法的学习者确定为正方，不同意这种说法的学习者确定为反方，然后双方展开辩论，辩论的进行可以由对立的双方各自论述自己的观点，然后针对对方的观点进行辩驳。最后，在教师的指导下，由大家评议，观点论证充分的一方获胜。在整个辩论过程中，学习者不但要自己想出支持自己观点的理由，还要驳斥对方的观点，并且要有流利的口语为基础，这样，在辩论的过程中，词汇、语法结构、语言表达能力都能得到很大的提高。辩论可以在协作小组组内进行，也可在组间进行。辩论模式有利于培养学习者的批判性思维。

（四）角色扮演模式

角色扮演模式就是让不同的学习者分别扮演学习者和指导者的角色，由学习者解答问题，指导者对学习者的解答进行判别和分析。如果学习者遇到困难，指导者可帮助学习者解决。

综上所述，在英语教学中应用协作学习模式，学习者感受到同学之间不再是竞争的对手，而是促进学习的帮助者。协作式学习能够促进学习者主动地参与学习过程，有效地激发学习者的学习兴趣，充分调动学习者作为认知主体的主动性和积极性，使学习者的学习活动更加生动活泼和丰富多彩。

第三节　英语跨文化交际教学的任务教学模式

“语言是文化的载体，作为一门语言，英语兼具工具性和人文性的特点，英语本身即是以其为母语的国家文化的一个重要组成部分”①。伴随英语交际同时产生的还有不同风俗、不同思维方式、不同价值观的交流与碰撞。

高校开设跨文化交际课程意义重大。首先，它能帮助学生提高语言综合应用能力。目前高校跨文化交际课程多为英文教材，课堂授课以英文为主，教师同时会布置大量延伸阅读。该课程的学习对学生语言能力要求较高，学生在大量阅读中语言能力得到较大提升。跨文化交际课程中的言语交际这一部分，直接在日常言语交际、文化负载词、习语、禁忌语、文化思维模式等方面进行中英文对比，一定程度上可以帮助学生进一步了解语言的特点，从而提高语言综合应用能力。其次，这一课程的开设有助于学生传承本国文化，增强自信。学生在对中外思维模式、价值观、世界观等全方位对比过程中，对本国文化的特点及优势有更透彻、更客观的了解，有利于培养民族自信心，有利于民族文化的传承。最后，跨文化交际的学习能帮助学生拓宽国际视野，了解他国文化，进而取长补短，学会批判性思维。这门课程的学习让学生学会客观、理性地看待全球多元文化，在跨文化交流中尽量避免立场的预设，塑造包容、开放的跨文化人格，提高跨文化交际能力。

一、英语跨文化交际教学任务型教学模式的构建

任务型教学模式自20世纪80年代产生以来一直备受瞩目。任务型教学模式将“任务”置于课程规划的核心地位，认为学习者通过完成特定的课堂任务而习得外语，并将交际法语言教学重塑为基于任务而不是基于语言的交际法教学大纲。

① 邓琳.大学英语跨文化交际教学中任务教学模式的应用[J].文教资料，2019（27）：222.

任务型教学模式是以具体的学习任务为学习动力或动机，以完成任务的过程为学习过程，以展示任务成果的方式体现教学效果的教学方式。

任务型教学模式重视学习过程，在传统语言知识教学基础上，着重培养学习者的两种能力，即交际能力、综合运用语言的能力。任务型教学模式所代表的理念被鲁子问等人归纳为：语言是一种工具，用于表达思想、交流情感、解决问题；语言学习不能只依靠以形式为中心的机械训练，而要依靠语言的使用。

语言学习的目的是通过语言解决问题，而不是单纯地掌握语言知识和培养语言技能。在现阶段义务教育中，英语课程标准所倡导的外语教学法是任务型教学模式。

国内外研究者对“任务”（task）这一术语的解释不尽相同。

（1）有助于达到语言学习整体目标的所有课堂活动都可看成是任务，包括简短的语法练习和更为复杂的涉及真实的意义交流活动。

（2）任务是语言加工的产物或语言理解的结果，如边听录音边画地图、听指令做动作等。教师通常需要明确任务要求，以衡量学习者是否成功地完成任务。多样化的任务可以增强课堂活动的目的性，使学生有机会运用语言，从而使语言教学更具交际性。

（3）任务是一项有特定目标的工作或活动，通常作为课程的组成部分，或在研究中用于搜集数据。

（4）任务是学习者通过对已知信息进行思考加工而达成某一结果的活动。

（5）交际性任务是学习者理解或掌控目的语，并用目的语进行互动的活动。在使用语言的过程中，他们的注意力主要集中于交际意义而非结构形式。

（6）任务是学习者关注意义，使用语言达成目标的活动。

（7）学习者应用目的语所进行的促进语言学习，涉及信息理解、加工，或解决问题、决策问题的一组相互关联的、具有目标指向的课堂交际或互动活动都可以称为“任务”。

（8）任务应具备五个要素：①要有意义；②要有待解决的交际问题；③与真实世界的交际活动相似；④首先要完成任务；⑤根据结果评估任务。

（9）任务的主要特征包括：①输入材料。输入材料指学习者完成任务所使用或依据的书面材料或视听材料。②角色。角色指学习者在完成任务时所需扮演的角色，如信息发出者或信息接收者。③情景。情景指任务所产生和执行的环境或背景条件，包括语言交际的语境，同时涉及课堂任务的组织形式。

（10）程序。程序指学习者在完成任务过程中所涉及的操作方法和步骤，即“怎样做”，包括任务序列中某一任务所处的位置、先后次序、时间分配等。

（11）监控。监控指确保任务顺利完成的监督过程。

（12）目标。目标任务具有目的性，一方面是任务本身要达到的非教学目的；另一方面是利用任务所要达到的预期教学目的。

（13）反馈。反馈指教师或同伴对任务完成的整体情况，包括语言使用的纠正性反馈和其他有用的反馈。

（一）任务型教学模式的理论依据

任务型教学模式的理论基础是苏联心理语言学家维果茨基的语言和学习理论，该理论强调语言学习的社会性以及教师和学习者对促进个体学习的重要作用。语言的获得，先是人与人之间相互作用的结果，然后才转变为自己的知识。学习是一种有社会真实性的协同努力，其中“师生”共同参与有明确目标导向的互动性任务。

任务型教学模式的理论依据还包括互动假说、输出假说、有限容量假说和认知假说等。互动假说强调语言习得中的互动，即意义协商，在二语习得中起到决定性作用。意义协商是当沟通理解发生困难时，交谈的双方必须依据对方理解与反馈，进行诸如重复、释义、改变语速等语言上的调整，从而使输入变得可理解。互动假说关注选择性注意和负面反馈在语言习得中的作用。

输出假说提出对输出的关注可以促进二语习得，给学习者提供语言输出的机会是语言发展的关键所在。在目标语输出过程中，学习者会注意到“知”与“不知”，“会”与“不会”之间的距离，进而了解自己对外语的掌握情况。输出还为学习者提供了在运用中尝试新语言的机会，并对外语的结构形式进行反思。

有限容量假说指在注意力有限而需要关注的语言侧面不止一项（比如语言精确度、语言复杂度、语言流利度）的情况下，学习者会进行优先排序，将注意力更多地投入某一项中。

认知假说是基于一语习得提出的。在一语习得的发展过程中，概念化发展为其创造了条件。

“任务”对二语习得过程产生促进作用包括：任务能提供意义协商和理解输入的语境；任务能就学习者的输出提供吸纳纠正性反馈的机会；任务能提供整合内化修订过的输入机会；任务揭示自身输出与源输入之间的差距；任务的认知要求将学习者注意力集中到特定形式上，促进语法化过程和输出的精确度；认知要求较低的任务可以促进自动化过程和输出的流利度；认知要求较高的复杂任务可以促进句法化程度和输出的复杂度；⑧任务的认知要求能促进概念化重塑；任务排序能强化记忆；以上情况必须建立在具体的交际语境之上。

从上述结论中可以看出，任务型教学模式研究发展的轨迹，起初人们关注如何互动和意义协商，从而加强输入的理解；现今，人们更加关注如何使输出的意义和目的语的言语更为一致。

（二）任务型教学模式的任务特征

对任务特征分类的研究主要考查哪些特征对互动和习得最有影响力，以利于教学任务设计。对此，可以根据语言的复杂性、认知的复杂性和交际的紧张度划分任务的难度，也可以从输入、任务条件、认知加工过程和任务目标四个方面描述任务特征。

（1）输入包括四个变量：媒介、语言复杂性、认知复杂性和信息熟悉度。

（2）任务条件包括三个变量：参与者关系、任务要求、完成任务所涉及的话语模式（对话或独白）。

（3）认知加工过程指完成任务所涉及的认知加工层次，从信息交流到进行推论，再到进行观点的交锋。

（4）任务目标包括三个变量：媒介（通过图画、口头或书面语展示结果）、任务结果是开放式的还是单一的解决方案、任务结果所涉及的语篇模式（描写、叙述、分类、指示、辩论等）。

任务难度是一种主观因素，主要因为二语学习者存在个体差异，主要涵盖情感和能力两个维度。任务复杂度是一种客观因素，是由任务对学习者的认知加工要求决定。任务复杂度与学习者个人能力无关，只与任务本身的结构和设计有关。因此，对不同学习者而言，一项既定任务具有不同的任务难度和相同的任务复杂度。

将任务复杂度进一步细分，可以分为“资源导向”和“资源分散”两个维度。在完成二语任务过程中，两个维度对学习者注意力资源的分配产生截然不同的影响。在资源导向维度上增加任务复杂度，能够将学习者的注意力资源导向特定的语言结构和形式，使产出的语言更加准确和复杂。在资源分散维度上增加任务复杂度，则会消耗学习者更多的注意力和工作记忆，使学习者分配给语言形式的注意力资源相对减少。学习者可以调用多重注意力资源，任务复杂程度的提高也有可能使学习者的表现得到提升。因此，学习者对形式和内容的关注并不一定是矛盾的。

任务型教学模式分为真实任务和课堂教学任务两种任务类型。真实任务是根据学习者需要，模拟真实交际而设计的演练任务。例如，学习者有“假期出游计划”，则需要进行目的地的决定、预订航班、选择旅馆、预订房间等一系列演练任务；学习者有“申请高校”的需要，则需要进行写申请信、回复信件、咨询经济资助、选择课程、电话或网络注册、支付学费等一系列演练任务。课堂教学任务不一定能反映真实交际，而是根据二语习得研究设计的语言学习任务。

任务型教学模式以教学的角度分为六种任务类型，包括列举、排序、比较、解决问题、分享个人经历和创造性任务。其中，创造性任务比较复杂，一般来讲，完成创造性任务时可以拆分成几个阶段，必要时还要进行前期调查。

从认知角度可将任务型教学模式划分出三种任务类型：①信息沟通任务，指对所给信息进行由此及彼的传递，由一个人传递给另一个人，或形式上的转换（如将文字信息转换成图表），或时空的转换，涉及对语言的解码和编码；②推理沟通任务，指根据所给信息，通过推理、演绎，或对关系、模式的识别等过程，推导出新的信息，如根据班级课表推导出教师课表；③观点沟通任务，指针对所给情景，明晰表达个人喜好、感受或所持态度，如续编故事、参与讨论等。这类任务的结果通常是开放式的。

任务型教学模式的三个步骤：①任务前活动（Pre-task）；②任务环（Task-cycle，包括任务、计划、报告）；③任务后活动（Post-task，包括聚焦于语言形式的分析和操练）。此外，任务教学的课堂教学程序分为五个阶段，即任务的设计、准备、呈现、开展和评价。任务型语言教学途径不是一种教学方法，而是一种教学思想。在实际运用中，任务型教学的操作方式根据任务的难度不同而不同。部分简单的任务可能只有一两个步骤，而一些复杂的任务则需要划分不同的阶段进行。

在任务型语言教学中，教师有着多重角色，在选择任务并决定任务顺序时，教师是选择者和决策者，要充分考虑学生的需要、兴趣和语言水平；在引导学生进行完成任务的过程中，教师是组织者、协调者、参与者、评价者等；在学习语言过程中，教师还要扮演本职角色，负责培养学习者的语言意识。在完成任务的过程中，学生则是参与者，参与整个活动；学生是探究者，观察自己和同伴的表现；学生是监控者，监控自己和同伴使用语言和学习策略的情况；学生是发明者，尝试用最好的办法解决问题。

任务型教学模式自诞生以来，已经被广泛地运用于全世界语言课堂中，“任务”已经成为许多教学流派语言教学主流技巧的一部分。

二、英语跨文化交际教学课程中任务教学模式的运用

任务教学法中的任务具有一定的真实性和交际性。任务教学法将知识的学习融于任务的解决之中，将学习与实践相结合，这种探究式学习方式能最大限度地激发学生的学习兴趣。跨文化交际课程是一门交际性与实践性较强的学科，教学目的是让学生通过真实的案例了解并学会尊重不同文化之间的差异，以包容、开放的心态与不同文化背景的人进行交流，并根据交际情景和交际对象的不同，恰当地使用交际策略，将理论知识与实际应用相结合，从容应对交流过程中出现的各种问题。任务教学法在跨文化课程教学中的具体应用可以按任务的三个阶段进行细分。

第一，任务前阶段：学生自行分组，自选组长。在教师的引导下，各组学生明确任务需实现的目标，进行组内分工，明确每个学生在任务中的定位。同时，教师应就布置的任务进行知识的导入，文化背景的简单介绍，或提供视频资料，等等，帮助学生理解并规划任务。

第二，任务中阶段：1. 制定阶段性目标并将任务细化，明确各时间节点。前期资料搜集完毕后，小组组内交流汇报，进行讨论，提出解决问题的方案或梳理清楚观点，并最终形成报告。2. 小组进行班级汇报，在班级范围内与其他同学互动、讨论。

第三，任务后阶段：教师进行点评与总结，解答学生的疑惑，进一步帮助学生理清与任务相关的跨文化知识点。随后，小组同学再进行总结，争取对相关知识有更清晰、更系统的理解。

在实际教学中，教学过程按以下步骤展开：1. 以 4 ～ 5 人为一组，做好前期任务分工，如案例的搜集、信息的查找、问卷的设计（如幽默感、智力，忠诚、热情、独立性、教育背景）等，并要求学生将任务细分到各组员。2. 前期任务完成后，组员进行资料的讨论或案例的分析，并以采访等形式完成设计。随后，小组就得出的数据进行总结，找出两者的差异。最后，小组成员将各自讨论后的观点形成文字，结合各项资料、数据，以 PPT 的形式进行班级汇报，教师随后引导学生进行班级范围的讨论。3. 在任务后阶段，班级讨论结束后，教师进行打分、点评及总结，并结合学生的讨论内容与案例进一步引导班级学

生交流、思考并进行总结，让学生对其有更深入的理解，从而更客观、从容地应对跨文化交流中的类似问题。

在整个教学过程中，学生查找资料，调查探究，交流讨论，并用报告的形式向班级同学展示学习成果，在完成任务的过程中学会运用语言解决实际问题。学生参与度高，课堂气氛活跃。同时，采用任务驱动教学模式，课堂师生互动性更强，讨论氛围更为浓厚，教师在教学中与学生产生情感共鸣，更易获得满足感及成就感。

综上所述，任务教学模式具有较强的实用性，它将课堂学习延伸至课外，给予学生更大的空间，让其在探索任务、解决问题的过程中学会如何将理论知识与实践相结合，充分发挥主观能动性，培养解决问题的能力、独立思考的能力，激发学习兴趣，培养协作精神。当然，在具体教学过程中教师会遇到一些问题，如小组成员之间学习态度、学习能力、知识层次存在差异，可能导致部分学生敷衍了事，或过于依赖他人，这就需要教师在学生完成任务的过程中扮演好引导者、监督者的角色，随时与学生沟通，提供帮助，在学生制定、分配任务的过程中亦可以加以指导，尽量使每位学生充分参与任务，提高跨文化认知与交际能力。

第五章　跨文化交际与英语实际教学融合应用

第一节　跨文化交际与英语听力、口语教学融合

一、跨文化交际与英语听力教学的融合

（一）跨文化交际视域下英语听力教学的目标

大学英语跨文化听力教学不仅要传授英语听力知识，还要让学生的听力技能得到提高，这样才能达到听力理解的目标。因为听力知识和听力技能是大学英语跨文化听力教学的两个主要目标，对开展高效生动的听力教学具有重要的意义。“听力教学不仅应该着眼于语言本身，更应该注重文化的传播与导入”。[①]

有大学英语跨文化听力教学的一般要求主要包括：1. 能听懂英语授课；2. 能听懂日常英语谈话和一般性题材的讲座；3. 能听懂语速较慢（每分钟 130 ～ 150 词）的英语广播和电视节目，能掌握其中心大意，抓住要点；4. 能运用基本的听力技巧。

大学英语跨文化听力教学的较高要求主要有：①对英语讲座和谈话的大概意思能够进行把握；②对较长篇幅但是自己熟悉的题材方面的英语广播和电视节目基本能够了解其内容，在 150 ～ 180 个词每分钟的英语广播和电视节目中，能够了解其主要意思，并能够比较准确地把握住要点和细节；③能基本听懂用英语讲授的专业课程。

大学英语跨文化听力教学的更高要求主要有：1. 对于英语国家的广播电视节目的内容能够进行基本的理解，并了解其中心意思；2. 可以对英语国家人士的正常语速的聊天大意进行理解；3. 对于英语专业课程和英语讲座能够基本听懂。因此提高学生的听力理解能力和技能运用能力是英语教学的主要任务。只有达到英语听力教学的主要目标，才能让学生真正提高听力技能和听力理解能力。

（二）跨文化交际视域下英语听力教学的方法

在大学英语听力课堂中，不但要对大量的词汇和语法知识进行掌握，而且要不断加大学生的英语听力训练，从而才能提升学生的跨文化交际能力。

① 钮敏.英语听力教学中学生跨文化交际能力的培养[J].现代职业教育，2016（28）:182.

1. 三段式教学法

三段式教学法是在任务教学法、交际法以及图式理论的基础上发展起来的——将听力教学分为三个阶段，即听前阶段、听时阶段和听后阶段，并且每一阶段都有一个清晰的教学任务。这种听力教学方法受到了国内外的关注，但并未在我国的英语听力教学实践中得到发挥和应用。后来，随着语言学理论、教育学理论的发展，以及英语听力教学地位的提高，三段式教学法逐渐被人们熟知。

（1）听前阶段。激活学生头脑中原有的词汇图式及语言背景知识，引导学生集中精力，为听力训练做好准备工作，这是听前阶段的主要任务。

①实例、图片导入。若听力材料是真实的新闻、故事或者对话，则教师应该做好实例或者图片的收集工作，以便在课前做好导入工作，并对真实的语言场景进行模拟和提问。这样能够提高学生利用已有经验进行预测的合理性和真实性。

②视频、歌曲导入。还可以在听力材料播放前先进行一段时间的英文视频和歌曲的播放，这对调动课堂气氛具有极大的意义。而且英语文化中也包括了英文视频和英文歌曲，所以这也有利于帮助学生掌握有关的英语文化。

③关键词导入。教师还可以对听力材料中的关键词和难度较大的词进行事先讲解，这样能够使听力训练的难度有所下降。

（2）听时阶段。在听力练习过程中，最主要的任务就是提高学生解决问题的能力。这需要教师从学生的实际水平出发，对听力材料和听力任务的难度进行控制，使其既能具备一定的挑战性，又能激发学生的积极性。

①听力训练活动要具备一定的针对性。对听力材料和题型的选择要符合学生的实际英语听力水平。

②提高学生把握关键词句的能力，从而对整篇文章的中心大意进行理解。

③对学生的听力技巧如速记等进行重点培养。

（3）听后阶段。听后阶段可以进行一些有关的拓展训练，如开展对话、角色扮演、谈论问题、写作等活动。这样能够强化学生的语音、语法和词汇，并能评估学生对听力材料的掌握程度从而达到听力教学的目标，让学生获得听力技能和听力理解能力的提升。

三段式教学法是英语听力教学中普遍采用的一种方式，三段式教学要注意三个要求：一是要和听力训练息息相关，这是三个阶段开展教学活动的主要原则，并在教学中确保一定的趣味性和多样性，从而调动学生的积极性和学习兴趣。二是听力教学的主要目标是提高听力技能和听力兴趣，这也是在三个阶段都应该遵循的原则。并确保教学活动的开展不但能提高学生的听力技能，还能为学生提供更多参与交际的机会。三是听力难度的选择要根据学生目前的实际水平，在必要时还应该对听力材料进行适当的修改。

2. 策略教学法

大学英语听力教学具有一定的动态性。以前的视听教学理念认为教育无法提高学生的听力理解能力，而只能通过学生自身的积累和在举一反三中获取，之后才开始逐渐在听力材料中融合一些听力理解题。随后，由于跨文化交际的需求，人们对听力策略问题开始重视起来，教师也开始着力于培养学生的听力技巧。元认知策略、认知策略以及交际情感策略是语言学习策略的三种类型。在语言学习中，掌握一定的元认知策略是非常重要的，它有利于提升学生的思考能力，并在计划和监控认知活动中提升自己的预见能力，还有利于学生进行客观的自我评价。听力意识的强化可以不断地提高学生的听力理解能力，从而发挥元认知策略的价值，所以我们将一切采用策略进行教学的方法都称为策略教学法，使学生掌握听的技巧和策略是开展策略教学法的主要目标。

在英语听力教学过程中采用策略教学法需要特别注意的是，教师要引导学生理解语言的功能，然后让学生有意识地进行听力训练，最后帮助学生进行听力策略的掌握，从而更高效地完成听力训练目标。

英语听力材料的类型丰富多样，会涉及多种多样的内容和主题。不过综合分析和对比各种英语听力材料可知，各种类型的听力材料不管是在结构上还是在逻辑上都具有一定的系统性。只要理解和掌握了相应的听力策略，完成听力任务就变得非常简单了。像精听、泛听、寻听、略听和预测等都属于英语听力策略方法。

（1）精听。精听策略要求学生具备较高的听力水平，并要求学生能够集中注意力，对材料中的每一句、每一词都要理解透彻，同时还要对语音和语调进行把握。在听写练习中常常需要学生使用精听策略。学生要想听写出原文，就需要对听力材料中的每一句、每一个关键词都进行理解和掌握。当然学生进行英语歌曲的学唱、模仿练习语音、语调等也要运用到精听策略。精听策略可以帮助学生对目的语的语音和语调进行把握，并对自己的发音问题予以改正，对培养学生的听力理解能力具有重要的意义。

（2）泛听。泛听的要求则比精听的低很多，只需要学生能够掌握材料中的主要意思和中心思想，不必逐句逐词地对材料进行理解。以下两种听力训练需要运用到泛听策略：

第一，听力任务是“标题探索”。标题探索这一听力任务是为了评价学生对听力材料中心意思的理解程度，具体可以从四个环节来进行：首先是教师可以进行主题的拟定，以此作为备选的标题；其次教师要将听力任务告知学生，引导学生对听力材料的中心意思进行理解；再次教师要进行录音或者录像的播放；最后学生要根据自己听的材料和理解选择一个最为合适恰当的标题。

第二，听力任务是“排序”。排序这一听力任务是为了对学生掌握的听力材料内容和故事情节进行评价。该种听力任务一般会选择记叙性的材料，具体可以从五个环节来完成：①教材要打乱材料中的故事情节；②教师要将听力任务告知学生，引导学生关注事件发生的顺序和线索；③教师进行录音和录像的播放；④学生根据对材料的理解进行正确的顺序排列；⑤还要进行有效的反馈。

泛听是为了确保学生获得更多接触语言现象的机会，让学生的听力反应能力在不知不觉中获得提升，并将精听成果进行巩固和扩展。泛听具有连贯性，不需要学生对听力材料进行逐词逐句的理解。

（3）寻听。寻听是为了有针对性地进行特定信息的寻找而存在的，它降低了听力的范围，从而使得听力效率得到了较大的提升。当教师需要学生完成复式听写任务时，通常可以引导学生采用寻听策略。所谓复式听写其实也可以理解为填空类的题型，是教师将关键的词句以及技巧性的部分剔除，学生要在听完材料后根据自己的理解进行空白处的补充，具体而言有四个环节：首先教师对关键词句进行剔除时要从学生的实际听力水平和材料的难易程度出发，从而选择剔除掉的是词汇、短语还是句子。其次教师要将听力任务告知学生，并将剔除掉了关键词句的材料分发至学生手中。再次是播放录像或者录音。录音播放完毕，要求学生根据自己的理解来补全材料。最后进行反馈等。在进行寻听教学任务过程中，对听力材料的播放次数应该根据材料的难易程度来决定。

(4) 略听。略听策略的主要精力应该放在材料的题目、句首、结尾处以及关键词上，不需要学生完全掌握材料中的所有细节。一般当要完成听和画等听力任务时，则可以采用略听策略。而且多会选择描写性的内容。学生可以将听到的内容采用简单画图的方法进行表达。或者是教师采用文字的形式来描述一幅画，对学生进行听和画的训练。具体可以采用四个环节来进行：首先，教师要根据学生的实际水平进行听力材料的题材和难度的选择；其次，教师进行录像的播放或者进行材料朗读；再次，由学生根据听到的内容进行画图，然后让学生将所画的图进行对比；最后，教师将正确的图画进行公布。

(5) 预测。在听力测试中，预测也是一种重要的听力策略。学生进行预测的时间可以是在听到材料之前或者是录音播放时。学生在听力播放之前可以从听力材料和听力任务要求等基础上进行一定的预测。在进行听力时，学生应该依据听到的信息来预测，或者根据播放的内容来对未播放的内容进行预测。

3. 多媒体辅助教学法

在英语听力教学中利用多媒体进行辅助是一种全新的教学方式的尝试，和传统的听力教学方式相比具有较大的优势。现在很多高校的英语听力教学的主要目标还是完成相应的听力材料。在教学方式和教学步骤上也大同小异，第一步先需要将英语录音进行播放，然后要学生进行相应的听力练习；第二步则需要教师对学生的练习答案进行核对；第三步则是再一次进行录音播放，对练习答案进行检查，对疑难句型和生词进行讲解，让学生更深入地理解听力材料。虽然这一教学方法在很大程度上可以提高学生通过考试的概率，但是对跨文化交际能力的听力技能的提升意义不大。可以流畅地运用英语进行跨文化交际是现在大学生学习英语的主要目标，从这一目标来说，语言形式的正确与否意义并不大。要想提高英语听力教学的效果，就需要结合听力理解和口语表达训练，两者缺一不可，相互促进，相互影响。为了很好地实现听力理解和口语表达训练的高度结合，多媒体辅助英语听力教学的方法发挥了重大的作用。

多媒体辅助英语听力教学方法是由语言教学规律所决定的，能够全面地调动学生的各个感觉器官，还能够和口语表达融合成一体，为英语交际提供真实生动的环境。因此多媒体语音实验室的建立也是支持多媒体辅助英语听力教学的硬件基础。

多媒体语音实验室中配备了语言测试系统、网络系统、电脑磁盘信息输出系统以及音频视频系统等各种设备，可以更直观、更形象地展现听力教材。而且通过听力训练，还能将丰富的文化信息传递给学生，让学生准确地把握不同文化之间的差异，提高文化敏感力，为口语表达提供一定的基础和条件。这样不仅有利于提高学生的听力技能，还能训练学生的语言技能。

近年来，随着对高校英语听力教学的重视程度不断提高，也促进了听力教学环境的完善，并在很大程度上推进了多媒体语音实验室和配套设备的完善。人和多媒体设备之间的交流以及生生之间的交流成为英语听力教学的主要趋势。

视听说对比型语言实验室、听音型语言实验室、听说对比型语言实验室以及听说型语言实验室等都是属于多媒体语音实验室。而且网络信息技术时代的到来，也推动了无线语音实验室、移动语音实验室以及数字语音实验室的发展和完善。这些技术的发展都有助于提升学生的听力理解能力、交流能力、创造能力以及感知能力。

利用多媒体进行辅助英语听力教学中。多媒体的作用并非只是进行简单的播放时间的限制、执行任务要求和影视资料选择等，而是要通过事先的讲解、事中的赏析引导和事后的观后评价等来提升学生的听力训练效果。换言之，在多媒体辅助英语听力教学中，教师的职责不能局限于播放视频和音频，而是要起到积极的引导和组织作用。

二、跨文化交际与英语口语教学的融合

（一）跨文化交际视域下英语口语教学的目标

跨文化交际能力的提高需要学生具备一定的口语会话能力。而为了有效提高学生的口语会话能力，需要采取正确的训练方法和教学技巧，同时对非智力因素的关注也不可忽视，这主要是体现在大学英语跨文化口语教学的任务和目标中。一般要求、较高要求和更高要求是大学英语跨文化口语教学的三个不同层次的要求。

大学英语跨文化口语教学的一般要求主要有：1. 可以进行流利的英语交谈，而且能够参与主题谈论；2. 可以展开英语日常话题的交谈；3. 可以在做好充分准备的前提下进行简要的发言，并且能够清楚地表达，语音和语调上不会出现大的纰漏；4. 可以在谈话中灵活运用一些基本的会话策略。

大学英语跨文化口语教学的较高要求主要有：1. 对于一般性的话题可以运用英语进行交谈；2. 对个人的基本情感、观点和意见都能够用英语进行表达；3. 对事件的发生和起因等可以进行流利的英语表达，而且在语音和语调上能够正确把握。

大学英语跨文化口语教学的更高要求主要有：1. 对于比较专业的话题可以进行较准确和流利的英语表达；2. 能够对较长篇幅和较高难度的文本或者讲话进行高度准确的概述；3. 可以参与谈论一些国际会议或者是专业交流活动。

（二）跨文化交际视域下英语口语教学的方法

在跨文化交际浪潮的大背景下，教学方法要根据口语教学的实际情况灵活选用，才能

提升学生口语表达能力。

1. 探究教学法

现代教育手段和媒介的发展为探究教学法的产生和发展提供了条件。顾名思义，探究教学法的关键在于探究，这是和传统的口语教学模式完全不同的一种新兴教学方法。它更突出了语言学科的特征。换言之，大学英语口语教学中的探究教学法是在现代教育手段和媒介不断发展的前提下进行了多种教学资源的结合，并将学生放在主体地位，教师起到积极的主导作用，从而促进学生在语言知识和口语技能习得上进行自主学习和探究学习。

（1）探究教学法的步骤。在大学英语口语教学中采用探究教学法要经过以下步骤：

①确立探究问题。探究教学法的基础就是要对探究问题进行明确。在解决问题后，要重新确立新的问题，可见探究教学具有一定的循环性。在口语教学实践中会面临各种各样的问题，所以在确定探究问题时结合各种因素进行综合考虑。一方面，一些问题是由简单的原因所引起的，解决起来比较容易，不需要作为探究性的问题来对待；另一方面，由于一些问题采用其他方法进行解释更加容易解决，所以才会用到探究教学法。

教师在选择和分析探究问题时，可以从三方面进行考虑：一是对之前的知识积累和目前的课程内容进行综合考虑。而且对于探究问题的确定还要考虑到广度和深度的问题，可以通过探究以及教师的讲授就能够解决的问题才合适。二是要对问题的创设情境进行考虑。其基础应该是教材内容，并基于此基础上进行问题情境的创设。三是要结合学生的兴趣和学习动机进行考虑。提出问题的方式要不断创新。

②收集数据。有关的口语探究教学法中语料和语言使用相关的艺术、策略材料以及文化材料进行收集的过程被称为数据收集。在这个过程中，教师的监控管理作用非常重要，并给予学生收集内容、方向与来源方面的指导和建议。

③分析解释。分析解释是探究教学法中一个关键影响的环节。它主要分析的是上一步收集到的数据和信息，并重点思考语用和语义两个方面，解释和总结在交际中所运用到的词汇、语法、句式、文化以及交际策略等。

④讨论交流。在大学英语口语教学过程中，讨论交流无时不在，尤其是在课内或者课外的各种交流活动中尤为重要。学生在探究教学法中要和教师进行深入的材料讨论和交流，并要做好相应的记录等工作。

⑤展示评价反思。在探究教学法中的最后一个环节就是评价反思，这个环节对探究教学法的影响也非常大。在进行这个环节时，以下两个方面要特别引起注意：首先是学生的展示行为规范与否；其次是教师是否采取了恰当的评价方式和选取了合适的点评内容。

（2）探究教学法的特性。

①开放性。大学英语口语教学中采用探究教学法的一个突出特点就是开放性，尤其是在教学内容、教学组织形式和教学管理上尤为明显。从教学内容的角度来说，教材应该是探究教学内容的基础，不过不应该受限于教材范围内，而是应在教材上予以扩展和延伸，这是因为针对某一主题进行深入的探究和考虑是探究教学法的主要目的，这将会对各门学

科和多个领域有所涉及。从教学组织形式的角度看，师生之间以及生生之间进行的交流、讨论以及协商是进行探究教学的必要前提，这在一定程度上也体现出了开放性；从教学管理的角度看，学生进行自主探究是探究教学法所要求的主要方式，教师在这个过程中需要进行必要的指导和监督管理。

②合作探究性。探究教学法还具有一定的合作探究性，这是受教学模式的影响而形成的。学生对知识的学习和技能的掌握主要是通过自主探究的方式来获得的，这也是大学英语口语探究教学的主要目标，而想要达到这一目标，就需要教师的正确引导和监督以及同伴之间的合作沟通。此外，学生在学习技巧、学习方法和学习能力的获得上既各有不同又可以互促互补，所以加强合作和提高互补性才能有效地拓展探究内容的空间。

③实践性。大学英语教学目标决定了大学英语口语探究教学的实践性。随着改革开放的深入发展，社会对英语人才的需求有所变化，要求英语人才既需要具备扎实的语言知识和技能，又要能够灵活运用。而探究教学法，为学生的语言知识和语言实践都提供了充分的空间和机会。

2. 语境教学法

语境理论是支撑语境教学法的主要理论依据，教师的备课和口语教学实践都需要符合语境理论的要求，从而帮助学生对口语学习的方法进行掌握。语境教学法不同于情景教学法的独特之处主要有以下两点：

语境教学法是建立在语境基础上的，所以为学生提供真实的语言环境是最关键的，而非对场景进行优化即可。语境教学法主要包括了四种类型：一是上下文教学法；二是虚拟语境教学法；三是社会文化语境教学法；四是情景教学法。尤其是情景教学法，更是体现了启发的价值，让学生可以在形象化的、具有趣味性的环境中得到思维方法的拓展，加强学生的亲身体验，从而激发学生学习的积极性和主动性，通过渗透性教育来提高学生的学习效果。所以表演体会、生活展示、情景再现以及实物演示等都是情景教学中不可或缺的方法。特别要提出的是，语境教学法和情景教学法具有一定的内在联系，这两种教学方法都比较重视环境对教学效果的作用。从这个层面来说，语境教学是随着情景教学的发展而开发出来的。

语境教学法更侧重学生语言交际能力的提高。而情景教学法是在20世纪20年代产生的，它更加注重培养学生的口语能力和语言结构，这也是两种教学方法最大的不同之处。但是又因为情景教学和语境教学是相通的，所以说情景教学包括在语境教学中。

（1）语境教学法的特性。通过英语口语教师的实践经验可知，语境教学法在一定程度上是比较稳定的。对语境教学法的特点进行分析和认识，可以帮助学生更好地对其含义和运用方法进行掌握。

①真实性。语境教学中最显著的特点就是真实性，这也反映出真实语言环境的要求。第一，真实的课堂交际活动是进行语境教学法的首要条件和基础，从而达到提高学生语言交际能力的目标；第二，真实性体现在语境教学法中的口语教学内容上，并根据学生的实

际口语学习特征和需要来进行；第三，真实性体现在口语教学实践中，学生的学习要求、学习方式、性格特征、知识水平和表达能力等方面；第四，语境教学产生于一定的社会文化背景之下，其真实性体现在实践教学的情景中和为教学内容所创设的虚拟语境中。

②制约性。在语境教学法中有两个层面的制约性：第一，微观方面，在这一层面上，教学活动的开展都会受到情景语境的影响；第二，宏观方面，从这一个层面上而言，社会政治、经济、文化、价值观、道德观以及心理活动等都会影响着语境教学法的开展。英语口语教学要取得成功，就要充分重视微观和宏观两个方面的影响作用。

③动态性。语境教学法中的动态性特征受到口语教学实践中的临时性因素的制约。系统地看，口语教学是一个不断变化且具有临时性的一种教学，而且还会受到很多突发情况的影响，如学生无法正确地进行表达等，这就需要教师及时调整教学方法，并对教学活动进行重新组织，从而适应教学中不断变化的情况。而且随着语境因素的变化，教师和学生都要对自己的言行举止进行调整和改变，这样才能让语境教学法得以顺利进行。

4）生发性。教师和学生作为语境教学法中的主体，其创造性和主动性也会影响语境教学的效果。所以，如何充分利用语境进行教学效果的提升，并结合语言知识和交际环境进行教学活动也就显得尤为重要了。

（2）语境教学法在跨文化口语教学中的应用。

1）语境教学法在跨文化口语教学中的应用语境。语境教学法广泛运用于大学英语口语教学中，这主要是利用了情景语境、语言语境和文化语境的促进意义，从而对交际意图进行明确。若是能够较好地把握这四个语境，则能有效提升学生的口语能力。

第一，熟悉语言环境。语音、词汇、语法和背景知识都是构成口语教学语言环境的重要因素。语言语境包括了三个层面：一是语音语境；二是短语语境；三是句子语境。它有利于学生理解和掌握词、短语以及句子的含义。学生参与口语交际活动过程中可以获得语音辨析能力、词汇理解能力和组织语言能力的提升，这也是语言语境在口语教学中的主要作用。

教师在利用语言环境时可以进行四项工作：其一，将口语交际中的有关注意事项利用少量的课时进行讲解，确保学生可以轻装上阵，有利于提高学生的口语练习的效率。其二，在课前开展演讲活动，并对演讲的主题和内容不予限制，教师只需要设置好一个情境，由学生进行自主发挥。其三，由学生来评价演讲活动。需要从演讲活动的各个方面如语音、语速、语调、体态语等进行评价，这有利于对口语教学的效果进行验证，以便及时发现学生在口语表达中常犯的错误并予以调整。其四，由教师进行最后的总结和评价，原则上需要对学生采取以鼓励为主的态度。

第二，建构情景语境。在情景语境的构建中，语场、语旨和语式是最为重要的三个因素。正确有效地分析这三个因素的影响，可以在口语教学中让学生的理解能力、推测能力和判断能力都得到较好的提升。而且教师需要先对自己的教学任务进行阐述。如此才能让学生对主题词汇和语法特征进行预测和掌握。

第三，学习文化语境。对目的语文化内涵的理解程度不够是造成跨文化交流无法顺利进行的主要原因，所以，要想提高学生的口语交际能力，就必须从文化知识入手，让学生具备足够的文化知识。而且文化差异因素对英语口语教学的制约作用也应该得到教师的足够重视，并加强对学生文化意识的培养，积极引导学生参与文化语境中的口语交际。如英语演讲、英文话剧表演、欣赏英文电影等都是不错的方式。

第四，界定交际意图。为了提高口语交际能力，可以从口语会话的交际意图入手。交际意图有两种类型：一是明确的交际意图；二是不明确的交际意图。明确的交际意图是指口语交际中的言语本身所要表达的含义，不明确的交际意图是指从语境中进行含义判断，包括了文化语境和情景语境两种。教师在进行口语教学过程中要重点对不明确的交际意图进行解释和讲解。教师可以采用生动语境的创设来加强学生对文化语境和情景语境的理解和把握，如此可以潜移默化地影响学生对言外之意的理解能力。

②语境教学法在大学英语跨文化口语教学中的应用原则。在大学英语口语教学中采用语境教学法需要遵循以下重要原则，同时还要注意语境因素的影响，从而更加明确交际目的。

第一，目标原则。明确的目标性是大学英语口语教学中的一个重要原则，在课堂中进行的每一次口语交际活动都有一定的交际目的和交际意图，交际意图是交际目标细化的体现。当然学生的学习需求是交际目的和交际意图形成的主要因素，如此能够将学生的学习需求和口语交际活动联系在一起。

第二，合作原则。合作原则也是口语教学中不可缺少的，其是交际双方顺利进行交际的前提条件。合作原则在大学英语口语教学中的重要性主要体现在三个方面：首先体现在语境中教师话语的数量上。教师的话语内容是否详尽以及信息量的大小都将对语境教学的效果产生直接的影响，教师不但要将必要的知识传授给学生，让学生的语境创设和交际任务得以顺利进行，而且要对透露的信息量进行把握，从而扩展学生的思考空间。其次是在教师的话语质量和关联性上有所体现。真实性是评价话语质量的关键因素，建立在语境环境下的口语交际都需要具备一定的真实性，口说无凭是不可取的。而关联性指的要建立交际活动和特定语境之间的联系。交际活动要在特定语境中进行，才能确保其真实性和有效性，从而让学生的口语交际能力得到提升。最后是在语境教学法使用过程的话语方式上有所体现。语言知识的过度传授并不是提高学生口语交际能力的必要措施，只有确保语境的真实性，才能有效提高学生的口语交际水平。

第三，得体原则。口语交际中还要遵循得体原则。它主要在四个方面有所体现：首先，社会现实生活是创设语境的前提，并结合学生的个性特点等因素，这样才能更好地促进学生对语境的认识和理解。除此以外，语境创设还要考虑学生的实际生活背景、知识水平以及个人经历。其次，语言规律和教学规律也是创设语境必须考虑的因素。口语教学要依据教学目标和教学大纲，并符合语言规律和客观规律的要求。再次，要进行有趣味的语境创设。语境创设的趣味性对学生口语交际能力的提升具有重要的意义，它能让学生保持高度的注意力，让其积极地参与到交际活动中，激发其求知欲望，可以有效缓解学生的紧张情绪，调整师生关系，使其从交际困境中挣脱出来。最后，灵活性也是语境创设的一个重要因素。这是因为教学过程是一个变化的、动态的过程，墨守成规的教学方式将不利于教学效果的提升，因此需要根据实际情况进行教学方式和教学内容的不断调整，从而确保教学效果的不断提升。

③语境教学法在大学英语跨文化口语教学中的应用步骤。在大学英语口语教学中应用语境教学法，主要有以下步骤：

第一，选定某一口语交际的话题，并为学生播放与此话题相关的目的语国家文化的视频。例如，服饰文化、社交文化等。

第二，对比分析与交际主题相关的目的语国家文化与中国文化，引导学生发现二者间的异同点。

第三，教师对学生的发言做总结并扩展相关文化知识。

第四，围绕话题，创造接近真实的语境，学生分别扮演情境下的不同角色，进行口语练习。

第五，教师主要围绕语用和有效的交流两个方面对学生的表演等口语练习活动做评论。

第二节　跨文化交际与英语阅读、写作教学融合

一、跨文化交际与英语阅读教学的融合

阅读是人们随时随地获取信息的主要方式，其重要地位不可忽视。此外，阅读也是提高自我素质和修养的途径。“在当前大学英语课程教学中，英语阅读教学属于必不可少的一项内容，而阅读教学的有效开展需要以学生良好的阅读能力为基础，因而需要对学生的阅读能力进行有效培养。”[①] 与中文阅读不同，英语阅读是跨文化的。因此，大学英语阅读教育非常重要以外，而且也难以把握。

（一）跨文化交际视域下英语阅读教学的目标

1. 英语跨文化阅读教学的要求

大学对于英语跨文化阅读技能可以分为三个层次：一般要求、较高要求和更高要求。

大学英语跨文化阅读教育的一般要求是：①对英文文章的知识能基本理解，每分钟阅读速度为 70 个单词；②当阅读较长和较难的材料时，在快速情况下每分钟能阅读 100 个单词；③可以浏览和搜索阅读材料；④能够使用词典阅读和熟悉所学专业的英语教材，对于英文报刊文章，能掌握中心思想，了解关键事实和相关细节；⑤可以阅读和理解工作和生活中常用的应用文体材料；⑥可以使用高校的阅读方法进行英文阅读。

① 陈洁.跨文化交际视野下的大学英语阅读能力培养[J].海外英语，2020（19）:112.

大学英语跨文化阅读教育的较高要求是：①基本了解英语国家报刊中一般主题的文章，每分钟阅读 70 ～ 90 个单词；②对于较长篇幅的中等难度材料，每分钟能快速阅读 120 个单词；③对于所学专业的文献资料，能通过阅读准确理解其主要思想，确定主要事实和相关细节内容。

大学英语跨文化阅读教育的更高要求是：①对于有着一定难度的文章，能够理解其主要思想和细节；②能读懂外国英文报纸和期刊上的文章；③能比较顺利地阅读本专业的英文资料和文献。

上述目标和要求为大学英语阅读教学提供了权威性的指导，但是上述要求只是教学的前提和参考，教师不应只根据上述要求，而应该根据实际情况进行教学。对于教学内容和进度的把控，应该突出重点，快慢适当，始终围绕学生的实际情况开展教学活动，从而确保最终的教学效果。

2. 英语跨文化阅读教学的目标细化

没有累加的努力，就不可能实现阅读教育的最终目标。教师可以分解阅读教育的最终目标成许多小目标，实现这些小目标将有助于实现最终的阅读目标。

（1）激发学生阅读兴趣。对于英语阅读教育，教师不仅应提高学生的阅读兴趣，还应提高学生的阅读动力。兴趣是最大的推动力，学生只有在对阅读感兴趣的前提下，才会在之后取得很大的进步。为了提高学生的阅读动力，教师应注意以下两个问题：教师应掌握阅读教材的难易程度；教师需要对学生的阅读能力有全面的了解，并因此选择适当难度的阅读材料。较难的阅读材料会使学生产生挫败感，而如果阅读材料太简单，学生就会觉得缺乏挑战性，一旦有这些情况出现，学生都难以专注于阅读材料。教师应采取强化方式来提高学生的阅读信心，鼓励和支持阅读水平低的学生。此外，为阅读能力高的同学提供课外阅读量，以免他们感觉膨胀和自大。

老师必须了解学生的性格特征和生活动态，由此推断学生阅读的兴趣点，然后选择学生感兴趣的阅读材料。阅读教科书的知识是有限的，因此在课外阅读材料的选择上教师也要多用心，对于阅读材料的类型和内容也要格外注意。学生对于感兴趣的阅读材料，就可以进行自主学习。

(2) 培养学生阅读习惯。摆脱不良习惯需要时间，不良的阅读习惯在学生中很常见。不管有怎样的不良阅读习惯，阅读速度都会减慢，最终都将无法提高阅读能力。一些学生更加注重对个别单词的理解，而忽略了整个句子的含义。学生应侧重对短语和词组的理解，然后理解整个句子的含义。学生在阅读时应坐姿端正，头部保持不动，将视野的覆盖范围扩大，增加眼睛扫描的阅读量并积极理解阅读内容。

(3) 引导学生重视词汇量的积累。语言知识和阅读技能之间有很大的关系。其中，词汇在语言知识中的作用对于阅读尤为重要。在很大程度上，学生的阅读速度和阅读效果取决于学生的词汇量，因此具有较强阅读能力的学生肯定是具有丰富的词汇和较高的词汇认知能力的学生。

如果是在学生缺乏词汇的情况下，学生应该学习如何猜测单词的含义。对于外语阅读材料，学生的词汇量是越多越好，其词汇量越丰富越有助于对材料的理解。具体而言，学生应根据提供的上下文材料和语法等来理性推测不认识的单词的含义。当然，猜测单词的含义不是胡乱去猜测，而是需要一定的技巧。学生可以使用逻辑推理、常识和基于自己的生活经验等来猜测单词的含义，还能通过同义词、举例子、反义词、定义或结合上下文来猜测单词的含义。除此之外，还能按照单词结构是如何产生的来猜测单词的意义，例如合成法和派生法。

教师应指导学生采用科学的方法来记忆词汇，以便学生获得更佳的效果。科学的记忆方法应该遵循记忆定律，图像存储方法、关联记忆方法等都是很好的词汇记忆方法。

词汇和阅读是相辅相成的关系。只有在学生有足够的词汇量的条件下，才能扩大自己的阅读量，而阅读量一旦扩大又促进了词汇量的扩充。与此同时，教师应选择难度适中、题材丰富、单词重复率高的阅读材料让学生来阅读学习。

(4) 帮助学生创建文化图式。阅读过程是一个验证，否认或纠正假设的迭代过程。学生依靠背景信息来创造新的含义。在阅读的过程中，重要的是学生通过对阅读材料的预测和假设赋予其新的含义，整个阅读过程不是基于阅读材料，而是基于自己的背景知识。

我们还提到了文化背景在阅读中的作用，并且有多种阅读方式，例如自下而上，自上而下和互动的方式。不论采用哪种阅读方式，都不能离开文化背景的支撑。因此，教师必须让学生激活自己的背景知识，以便他们可以创建文化背景图式。对于某些阅读材料，学生具有只需要激活然后提取的文化背景知识。如果学生没有这些背景知识则无法激活。在这种情况下，教师应先帮助学生创建文化背景图式，然后激活。

（二）跨文化交际视域下英语阅读教学的方法

1. 设定文化主题，并展开讨论

为组织学生定期地展开讨论活动，教师可以围绕着英语文化设计不同的讨论主题。既然是讨论，就要摆脱形式上的束缚，促使全体学生都能够积极参与其中，确保讨论的有序性和有效性，因此，在学生讨论的过程中，教师应该给予适当的指导和监督。此外，文化主题的不同，使得学生的讨论难度也有所差异。因而教师应该设计一个能够激发学生讨论动力的主题，并使其充分发挥自身的主导功能。随着讨论次数的增多，学生积累的文化知识也不断增加，基于此，教师需要加大文化主题的难度。

文化讨论法还具有其他功能：①增强学生的学习能力，学生有足够的信心掌握更多的文化知识。在讨论的过程中，学生积极思考和分析，并踊跃表达自己的观点和想法，随着学生满足感和成就感的增强，他们的自信心也随之增强。②增强学生的团队协作能力。制定相应的规则约束学生的讨论过程，防止出现闲聊的情况。良好的讨论秩序是展开有效讨论活动的前提条件，需要所有学生共同维护。③增强学生的创新思维能力。④增强学生的社交能力。关于话题讨论，学生需要缜密思索和辩证分析，从而得出合理的结论。对于相同的文化主题，每个学生都会表达自己的观点，各种不同的观点经过对比之后，无形之中就增强了学生的创新思维能力。⑤增强学生的社交能力。良好的语言表达是学生进行有效讨论的必要条件。讨论实际上就是交流，表达者只有将内心想法清晰真实地表达出来，对方才能够有效接收，并给予反馈。

2. 通过比较方法加深学生对跨文化的印象

两种不同类型的事物通过对比，展现出各自别具一格的特色。在阅读教学中，教师采取对比的方式，突出中西方文化的差异性，从而加强学生对中西方文化的认知和理解。教师在讲授知识的过程中，还应该向学生讲授一些其他国家的文化，以培养学生的跨文化意识。通过不同文化的对比，能够帮助学生在特定的文化中运用正确的语言，并表现出合理的行为。例如，在英语语言中，尽管这两个单词 farmer 和 peasant 的意思相近，然而，其实质含义却大相径庭，从经济和文化层面来看，这两个单词属于不同的层面，代表着不同的阶级，在汉语语言中，这两个单词的含义相同，即为“农民”。再如，国内外的文化差异也可以通过饮食方面展现出来，中国人为表达好客之情，通常主动为客人夹菜；而西方人却表现出不一样的行为，西方人通常对客人说“Help Yourself”，意思是客人不必拘束，可以随便吃。若中国人听到对方夸赞自己时，将会以谦虚的态度给予回应，表示对方过奖了以及自己不配；而西方人遇到相同情况则会礼貌给予反馈，表达感谢之情。以上内容充分体现出两种不同文化的显著差异性，因此，只要将文化进行对比，并掌握文化知识，交际就变得非常容易。

3. 引导学生采用语块形式阅读英语

语块作为语言中经常出现的语言结构，由多种不同的词汇构成，其形式和意义相对稳定，语块主要包括三种特性：①自主性，每个组块都是独立存在的；②稳定性，在英语语言中，大多数都是由不同板块构成的，因而具备较强的稳定性；③扩容性，与单词相比，语块具有相对完整的意义，其涉及的范围已经扩展至句子或语篇，在语块理论中，语块是英语语言的基本单位。

部分学生认为，即使学习了语法、词汇以及固定语句等知识，英语文章的阅读效率也不显著，更不可能达到和英语国家人们相同的水平，其原因在于本族语者注重掌握语言中的语块，而不是专注于学习语法词汇等。因此，如果学生没有掌握大量的语块，其语言能力就无法得到显著增强。将语块理论应用到阅读教学中，输入和输出的速度以及质量都能得到提高。

语块运用能够提高语言输入速度和质量，主要体现在两个方面：一方面，语块将多个具有一定联系的小组块组合起来，从而形成一个大组块，节省了在信息加工过程中所消耗的精力，从而提高阅读速度。另一方面，在阅读文章标题和每个段落首尾句时，有针对性地掌握文章中不同作用的语块，也能够提高阅读速度。首先，阅读整篇内容，了解文章的中心思想和大致含义；其次，引导学生快速掌握不熟悉的语块，在掌握陌生语块的同时还可以学习语法规则等内容。总而言之，基于语块形式阅读文章内容，明显提高了语言输入的速度和质量。

4. 及时纠正学生错误的文化言行

由于学生的成长过程受到了中国文化的熏陶，因而母语文化已经深深扎根于学生的大脑中。在学习汉语文化中，学生既掌握了语言能力，同时又学会了社交能力。但是，学生们依旧会不自觉地用汉语思维方式来理解其他文化，从而出现交际矛盾的情况。两种文化之间的差异性越显著，导致的交际冲突越强烈。

在学生与某种文化进行交流时，若表现出不恰当的语言或行为，教师应该给予指导和纠正，并告知他们所表现出来的行为是不合理的。由于表达者忽视了语法规则，而在交流过程中出现语法方面的问题，这属于语言表层的错误，交流对方并不会太介意，并表示理解，此外，若表达者的语言能力没有问题，但是，却表现出不得体的语言或行为，就会导致对方产生厌恶、反感之情。因此，对于学生所表现出来的文化错误行为，教师应该及时给予指导和纠正。

5. 通过文学与艺术方式来了解其他文化

若人们在现实生活中不尽如人意时，则可以在文学艺术中获取精神食粮。文学艺术不仅能够提高人们的知识水平，更重要的是能够满足人们的精神需求。

文学和艺术作为文化传播的重要形式，都是在特定的时间和时代背景下所形成的文化产品，能够将创作者和读者联系起来，实现两者之间跨地域和跨时间的交流。

教师可以为学生安排一场西方经典电影，通过对电影的欣赏，学生能够大致了解西方文化，或者是组织学生欣赏经典文学著作，除此之外，教师向学生讲授一些生动的文学故事，有利于加强学生对文学内容的研究和探索。

二、跨文化交际与英语写作教学的融合

（一）跨文化交际视域下英语写作教学的目标

大学阶段的英语跨文化写作技能可分为一般、较高和更高三个层次的要求。

大学英语跨文化写作教学的一般要求主要有：1. 能够独自完成一般性写作任务；2. 将个人思想情感和事件经历阐述出来；3. 能够完成一般性的应用文章；4. 能够在一定的时间内完成等于或多于 120 个词的短文，并达到基本写作要求，如内容完整、条理清晰等；5. 具备基本的写作能力。

大学英语跨文化写作教学的较高要求主要有：1. 能够围绕主题表达自己的观点和想法；2. 能够独自完成学科论文中的英文摘要部分；3. 可以完成学科要求的英语小论文；4. 能够描述多种不同的图表；5. 可以在一定的时间内，写出等于或多于 160 个词的短文，

并满足写作要求，如观点明确、语句通顺等。

大学英语跨文化写作教学的更高要求主要有：1. 能用英语撰写所学专业的简短的报告和论文；2. 能以书面形式比较自如地表达个人的观点；3. 能在半小时内写出不少于 200 个词的说明文或议论文，思想表达清楚，内容丰富，文章结构清晰，逻辑性强。

（二）跨文化交际视域下英语写作教学的方法

1. 输入、输出的互补

在英语语言学习中，通常包括两种形式，即输入和输出。输入的基本方式为“读”，而输出的基本方式为“写”。由于输入是输出的前提条件，因此，在英语写作教学中，教师应该高度重视二者之间的互补，将两者的优势都彰显出来。

学生在阅读的过程中既积累了大量的语言素材，又为之后的写作提供了灵感和启发，换言之，“读”能够为“写”提供基本的写作素材。学生只有在大脑中存储丰富的语言素材，才能顺利地展开写作。各种类别的阅读材料存在着作用不同的句子结构，若学生能够掌握这些功能各异的语言素材，一定能增强自身的写作能力，并提高语言输出的速度和质量。此外，语言输入与语言输出具有正相关关系，语言输入越多，则语言输出的效果越明显，因此，学生要想提高自身的英语语言水平，必须不断地阅读和积累，养成良好的英语思维习惯。在写作过程中，部分学生已经找到适合自己的表达方式，并认为这种表达方式舒服自然，然而，却说不清其中缘由，这就是英语语言中常常提及的效应，即语感效应。

2. 模仿写作的利用

由于中国学生已经形成难以改变的汉语思维方式，通常采取翻译式写作方式，换言之，首先用汉语思考，然后再将汉语转换成英语，导致写作效率明显不高。针对此问题，主要有两种解决方式：一种是仿写，在模仿写作的过程中，学生能够积累素材，掌握写作模式；另一种解决方式就是通过语块的应用展开写作教学。

人们在学习语言的过程中就已经存储了不同情境下相应的语块。若需要运用语块，就可以直接从大脑中提取出来，省略了处理和组合大量单词的过程，这样就明显优化了语言输出的效果。基于语块的写作教学包括两种层次，一种是较低的层次，即运用语块将课文内容复述下来，例如，汉英互译、语块造句等；另一种是较高的层次，即学生以小组的形式围绕着课文内容展开讨论，在此过程中，教师给予正确的指导，指导学生识别和掌握具有不同作用的预制语块，再展开写作。节省了对单词的认知和组织环节，大幅度提高了语言输出的速度和质量，而教学层面主要集中在语言单位和语篇结构上。

3. 写作技巧的培养

英语写作技巧始终都是英语语言中的热点话题，大学英语教师要着重培养学生的写作技巧。可以针对以下方面进行培养：

(1) 写作构思。写作构思是创作者有效把握文章整体结构和思路的基本前提，换言之，文章写作的整个过程都离不开构思。写作构思的方式主要有三种：第一，思绪成串式。学生通过画圆圈的方式，将写作主题画在纸上，再依次写出与主题相关的词汇，经过归纳和总结之后，将写作思路表达出来。第二，自由写作式。面对作文题目，学生自由地进行想象和创作，同时将一些创新想法记录下来，并根据这些信息展开写作。第三,五感启发式。学生具有一定的感知能力，能够接收并整合大量信息，最后提取有利于写作的信息。

(2) 文章开篇。文章的开头带给读者的印象是最深刻的，并且还将影响读者对文章的整体评价。因此，若文章开篇写得足够优秀，就能够吸引读者的目光，增强读者的阅读动力。文章开篇的方法主要有六种：第一，名言名句导入式。文章开头引入富含哲理的谚语或格言，就能够引人入胜。第二，故事导入式。在文章的开篇中，讲述一个精彩的小故事，明显吸引了读者的注意力。第三，比较、对比导入式。根据人们与生俱来的比较心理，在文章开篇采取对比的方式，可以激发读者的好奇心，主要起到了强调和突出的作用。第四，开门见山式。在国外的文章中经常出现此方法，由于国外人们基本上都是直线型思维，相对直接和爽快，因而能够赢得读者的认可和喜欢。第五，问答导入式。在文章的开篇提出问题，从而激起读者解决问题的动力，这种开篇方法等同于自问自答，这种方法也存在很多技巧，例如，所提出的问题能够激发人们的求知欲望。第六，定义导入式。若文章引入了新的概念或事物，则需要在开篇就明确其含义，这样有利于读者对之后内容的阅读和理解。定义导入式方法经常应用于说明文或科普类文章。

(3) 文章段落发展。在明确写作思路和文章结构之后，就应该开始着手架构段落。主要采用四种方式展开段落：第一，根据过程展开。按照事情的发展过程进行写作。第二，根据时间展开。在记叙文的写作过程中，经常使用这种方式，按照事情发生时间的先后顺序进行写作。第三，根据逻辑展开。文章逻辑具体指思路的流畅性、段落的衔接性以及句子的连贯性等。对于文章的逻辑性而言，关联词是一种重要的衔接方式，不仅能够使文章更加流畅，还能引导读者正确思考。第四，根据空间展开。若想要描写某个地方的景物时，就可以采用这种方式，其原因在于能够为读者带来错落感和整体感。以上方式既能够单独使用，又能够综合使用。其中，具体的文章段落展开方法多种多样，例如，类比法、拆开分析法、叙述法、反驳法、重复法以及列举法等。

(4) 文章结尾。善始善终指的是开头和结尾都是文章不可或缺的重要组成部分，对于写作成果而言，具有显著的影响。结尾的用途除了表达结果之外，还用于总结前文。常见的结尾方式包括：第一，重申主题式结尾。在文章的结尾部分，总结和强调内容主旨，加深读者对文章的理解和记忆。第二，总结式结尾。通过对全文内容的总结，从而达到揭示主题的目的。第三，反问式结尾。反问式结尾方式不仅具有突出主题的作用，还具有增强语气的作用。第四，建议式结尾。针对文章中具有争议性的问题，提出自己的想法观点以及解决意见等。第五，展望式结尾。在文章结尾处蕴含着期望，具有鼓舞和激励的作用。

第三节　跨文化交际与英语翻译教学融合及应用

翻译能力是学生英语能力的重要体现，同时也是各级大纲对学生“听、说、读、写、译”能力的基本要求之一。但就目前而言，大学英语翻译教学普遍没有意识到跨文化交际意识对学生翻译能力提高的重要性，进而导致学生的翻译能力无法提高，翻译人员的数量与质量也不尽如人意。因此，探讨如何在翻译教学中培养学生跨文化交际意识是非常重要的。

一、跨文化交际对英语翻译教学的意义

（一）深化英语原文的理解

一般情况下，翻译活动需要经历三个阶段，即理解原文、表达译文、校验译文。其中理解原文是翻译工作的基础，更是翻译的核心所在，一旦对原文的理解有误，必然会造成翻译效果的不理想。因此，翻译活动中的原文理解，不但需要对词汇、语篇结构、句法等表层进行理解，更需要对文中蕴含的深层意义进行理解。若翻译人员缺乏跨文化交际意识，显然会导致翻译效果大打折扣。

（二）优化英语译文的表达

翻译并不是源语的词语和语句结构到目的语词语和语句结构的简单转换，也不是在目的语言中寻找与源语对等的词语和语句结构，然后串接成句的过程。若翻译人员在翻译过程中仅盯着原文的语文层面，最终翻译出来的东西也只能是徒具其形，原文真正想要表达的意思却不得而知。因而在翻译的表达阶段，首先应注意不同文化中语言形式的差异，按照译入语习惯进行调整。

在翻译教学中加强对学生跨文化交际意识的培养有着不可或缺的作用，不但能够帮助学生加强对原文的理解，更能优化学生的翻译表达能力，进而大幅度提升学生的翻译能力。

二、英语翻译教学中跨文化交际的应用策略

（一）创新课堂教学模式

传统的课堂教学模式是以单元教学为主题，强调学生语调、语音、语法的准确性，侧重词汇的搭配与使用。显然，这是由于教师还未摆脱应试教育的影响，将重点放于培养学

生的应试能力，却忽略了最为关键的文化因素。就目前而言，最常见的教学模式为教师在讲台上讲，学生在讲台下听，课后则是做不完的作业与练习。如此培养出来的学生虽然具有较扎实的基础，能够进行常规的英语写作，但却无法成为优秀的翻译人才。究其根源，主要在于中西方的文化存在较大差异。因此，教师必须革新当前的教学模式，在课堂教学中重视文化知识的渗透，培养学生的文化意识。

（二）培养学生文化理解意识

文化对人们产生的影响巨大深远，使其在接触他国文化时，往往会先入为主，用本国文化的意义系统阐释自己不熟悉的文化。例如，对于“Her beauty is beyond description.”往往会有学生将其译为“貌若天仙”，乍看之下仿佛完美地诠释了该句的意义，但事实上却与原文所表达的意义相悖。究其根源，主要在于中西方文化的不同使得双方对于“美”的审美也不尽相同。例如，《诗经》中的“手如柔荑，肤如凝脂，领如蝤蛴，齿如瓠犀，螓首蛾眉”，这些描写的是“貌美的女子”，若将其直接翻译成英语，想必读者难以想象该女子究竟美成什么样。同样，“貌若天仙”也容易使中国人联想起西施、貂蝉等女子，但英语中的“fairy”也可以用来形容男性。

（三）提升文化移情能力

文化移情是指交际主体自觉地转换文化立场，在交际中有意识地超越本土文化的框架模式，摆脱自身文化的约束，置身于另一种文化模式中，如实地感受、领悟和理解另一种文化。跨文化交际中，文化移情能力是连接主体与客体的语言、文化及情感的桥梁和纽带，也是有效沟通的技巧、艺术和能力。

文化移情能力与跨文化交际意识的培养有极为密切的联系。因此，教师应在教学过程中引导学生关注中西方文化的差异所在，使学生在翻译过程中能够有意识地避免因中西方文化差异而造成的翻译错误。例如，中国人对于他人的赞美通常会以一种谦虚的语气说“哪里，哪里”，表现得较为含蓄，而西方则不同，他们会欣然接受他人的赞美并表示感谢，并且若只是根据字面意思将其翻译为“Where，Where”，则会使对方完全不知道该句表达的含义。因此，在翻译过程中应根据双方的文化差异进行调整。

语言与文化是密不可分的，语言能够反映民族的文化形态与背景，是了解一个民族最有效的手段。诚然，我们已经意识到了文化的差异是客观存在的，但任何一个民族的文化都浩瀚如海，包罗万象，这就需要英语教师在教授学生必要的语言知识的同时，融入文化的教育，帮助学生建立起语言学习的兴趣，进而使学生成为真正优秀的翻译人才。唯有如此，才能真正培养出理解文化差异而又懂得翻译技巧的翻译人才。

第六章　跨文化交际背景下英语教学的创新实践

第一节　跨文化交际背景下英语教师与学生培养

一、跨文化交际背景下的教师发展

（一）跨文化交际背景下的英语教师素质要求

随着跨文化教育发展的不断深入，英语教师的各项工作都面临着十分严峻的挑战。所以，英语教师应该从自身出发，不断提高自己的素质水平，当然，对教师的素质要求是多方面的，从跨文化交际的角度出发，教师应该具备以下方面的素质：

1. 教学素质

（1）扎实的专业知识与文化知识储备。开展跨文化交际教学，教师首先应该具备扎实的英语知识。英语教师都是英语专业出身的，所以其专业知识掌握应该没有多大的问题。除了要具备扎实的专业知识，教师还需要掌握扎实的文化知识，这就要求教师在日常生活中要多注意从不同渠道获得文化知识，并将这些文化知识传授给学生。

（2）丰富的教学方法。在跨文化交际教学中，教师的角色发生了明显的变化，教师已经悄然变成教学的设计者与学生学习的协作者，重视师生间的互动，基于此，教师必须从自己的教学经验以及学生的需求出发，创新教学方法，不断充实自己的教学方法体系。

传统英语教学中，教师使用的主要教学方法就是口述教学，这是一种非常陈旧的教学方法，已然无法适应教学发展以及学生的需求，因此，教师可以采取多媒体教学法、翻转课堂教学法、情境教学法等，这些教学方法能适应不同学生的学习需求，可以进一步激发学生的学习积极性。

2. 职业素质

一名教师最基本的素质就是职业素质，这是其自身职业所决定的。教师主要的任务是教书育人，如果教师存在职业道德失范的问题，那么就不可能很好地完成自己的任务。

在大学英语教学中，教师与学生总是会存在一定的互动，学生会将自己的疑问给教师表述出来，这就要求教师要具备扎实的道德素质，以及较强的责任心，这样，学生才能以后更加愿意向教师提出问题。

3. 科研素质

一名优秀的教师，不仅应该是能够推动英语教学的实践者，而且还应该是能够把握与总结英语教学规律的研究者。中国有着世界上将英语作为第二外语的庞大的学习群体，同时也拥有世界上规模最大的英语教师群体，在中国不断与世界加强交流与联系的今天，无论是教育界，学校与英语教师，还是家长、学生，他们都非常重视英语学习。但是我们不得不承认的是，在英语教学理论探索方面，我们并没有形成相对完善的理论体系，同时也没有一群能够深究英语教学发展规律的研究者。

将跨文化交际引入英语教学是英语教学发展的必然方向之一，关于这一问题，目前英语教学实践成果并不丰富，这时英语教师就应该站出来，充当英语跨文化交际教学的研究者。

英语教师研究英语教学的前提是其必须具备一定的科研素质与科研能力，但是，需要承认的是，当前不少英语教师并不具备一定的科研素质，这就要求教师能够不断总结自己的教学经验，通过各种研究方法探索英语教学研究成果，并反过来利用这些研究成果指导英语跨文化交际教学实践。

（二）跨文化交际背景下的英语教师角色转变

在英语跨文化交际教学中，英语教师的角色有了明显的变化，其变得越来越多样化。英语是一门语言学科，它与其他学科教学有着显著的差别，因此，英语教师要从英语学科特点出发，不断深化自己的角色，从而促进英语教学水平的不断提高。

1. 路标

学生跨文化意识的培养与学生跨文化交际能力的培养是息息相关的，二者都不是一蹴而就就能成功的，而是需要教师与学生不懈的努力。通常情况下，学生跨文化意识的形成会经历四个时期，分别为文化意识觉醒时期、文化态度建立时期、融入其他文化时期、文化理性时期。这是一个漫长的过程，教师在学生跨文化意识培养过程中发挥着重要的作用，指导学生应该学习哪些方面的文化知识，帮助学生辨别西方文化的精华与糟粕。同时，教师还要帮助学生形成尊重其他文化的良好态度。

2. 培训者

在英语跨文化交际教学中，教师显然已经成为学生英语技能的培训者。学生的英语知识学习起始于英语基础知识与技能知识，其中，英语技能包括听、说、读、写译。从英语语言以及英语教学发展的规律来看，听、说在英语技能体系中占据第一位，可见，培养学生的听、说能力是非常重要的。因此，教师在英语教学中要加强学生英语相关技能的培训，让学生可以获得更加丰富的知识。

不过，英语技能培训固然重要，但是英语语言教学并不仅仅是一种针对英语语言的教学活动，它还包括文化方面的教学。基于此，教师还应该对学生加强文化知识培训，一个民族的文化所涉及的内容非常多，不仅包括表面的服饰、饮食等文化，还包括一些深层次的精神文化，尤其是对于精神文化的部分，学生一般很难清楚地理解。因此，教师必须转变自己的角色，自觉成为一名文化知识培训者。

3. 引导者与帮助者

英语教师最基本的任务就是将英语基础知识传授给学生，这就要求英语教师有扎实的英语专业知识储备。换言之，教师要能够对英语专业知识有全面的掌握，对一种英语语言现象能给予正确的解释。

英语专业知识体系非常丰富，不仅能包括一些我们已经非常熟悉的语音、词汇与语法知识，而且还包括社会文化知识，尤其是社会文化知识，它才是推动学生英语学习的内在动力。长期以来，学生已经习惯于对英语基础知识的学习，传统的教学方法让学生早已厌倦，新颖的文化知识反而能激发学生的学习兴趣，因此，教师要积极引导学生转变学习思路，在学习英语基础知识的前提下继续文化知识学习。当然，文化知识的学习并不容易，尤其是中西方文化有着显著的差异，教师需要在英语语言知识教学中时常穿插一些文化知识，这样就将语言知识与文化知识有效融合了起来。此外，当学生在文化知识学习过程中遇到问题时，教师要及时给予其帮助，要让学生明白文化知识学习虽然有其难处，但是通过教师的帮助，所有的问题都能够迎刃而解，自己的文化知识体系不仅能够得到丰富，而且英语跨文化交际水平也能有所提升。

4. 评价者

大学英语教学环节众多，教学评价是其比较重要的一个环节。准确的教学评价不仅能为教师后续的教学计划制订提供依据，而且教师还能将评价结果反馈给学生，学生通过评价结果就能了解到自己的学习优势与劣势，进而在后续学习中就会自觉进行学习方法的调整。

在英语跨文化交际教学中，教师需要对学生的文化知识学习成果进行评价。这里需要指出的是，教师评价不能过于主观，而是要平等地看待所有文化。教师也要辩证地看学生的文化知识学习成果，既要看到学生在文化知识学习上的优秀之处，也要认识到学生毕竟视野有限，对文化的理解存在片面的情况无可厚非，只不过教师要提醒学生，要客观、公正地看待所有文化。

5. 探索者

经过多年的探索，不少新颖的英语教学方法不断涌现了出来，但是并不是所有的教学方法都适合所有的学生，在教学方法上，教师要根据教学目标、教学内容以及学生的学习需求等做出选择。但是，需要明确的一点是，所有的教学方法都不是万能的，尤其是针对英语跨文化交际英语教学，这是英语教学中比较特殊的一部分内容，如果只是沿用一般的英语教学方法可能与英语跨文化交际教学的目标不一致。因此，教师应该总结自己英语跨文化交际教学的经验，在结合前人优秀研究成果的基础上，不断探索出新的教学方法。

6. 创设者

二语习得理论认为，语言环境与语言学习之间的关系非常密切，好的语言环境能够促进语言学习的发展。语言与文化有着密切的联系，文化知识的学习毕竟离不开语言知识的学习，这就要求教师要积极为学生创设良好的语言环境，加强情境教学，让学生在现实情境中学习语言与文化。

7. 解释者

中西文化差异体现在很多方面，其中，价值观念与思维方式是比较明显的差异。随着英语教学的发展以及文化对英语教学影响的深入，中西文化差异越来越成为英语教学发展中的问题。从社会文化层面上来看，语言强调应用，具有自身独特的规则，是文化系统中的重要组成部分。因此，在英语教学中，教师不仅要向学生传授英语语言知识，还要向学生传授中西方文化知识，尤其是西方文化知识，学生对于这部分知识不甚了解，通过教师的讲解，学生就能更清楚地认识到中西文化差异，也能更好地学习英语，培养自己的跨文化交际能力。

（三）跨文化交际背景下的英语教师发展路径

1. 更新教学理念

英语教师不能固守传统英语教学理念，而是应该分析时代发展与教学发展特征，不断更新自己的教学理念。目前，各种新的教育教学理念不断涌现，带动了教学模式和教学方法的革新，那些传统英语教师因为理念陈旧而无法跟上时代发展的步伐，从而面临着严峻的教学挑战。即使困难重重，英语教师也不能够放弃，应该在英语教学发展新的背景下，找到自己的位置，寻找适合实施英语跨文化交际教学的教学理念。

英语跨文化交际教学培养的是学生的跨文化交际能力，因此，教师必须树立以学生为中心的教学理念。对学生学习文化知识的渴望程度进行调查，对学生想要学习的文化知识进行调查，这样教师才算做到了以人为本。

2. 提升人文素养

基于跨文化交际的大学英语教学早已经将提高学生的人文素养作为教学的核心目标。所以，英语教师人文素养的高低将在一定程度上对英语教学的效果产生影响。不过，我们必须承认的是，当前英语教师的人文素养培养状况并不好。受传统教育体制以及教学方法的影响，不少英语教师思维比较僵化，不愿意做出改变，导致其自身的知识结构与能力体系都存在着比较严重的缺陷，无法很好地提升自己的人文素养。此外，近些年来大学扩招也给英语教师带来了繁重的教学任务，教师需要关注更多学生的学习状态，需要批改更多学生的作业，久而久之，教师也就习惯了这种繁忙的工作模式，就没有时间再去提升自己的人文素养了。

当前，国家重视教师的学习型教育，认为教师应该树立终身学习与教育的理念，无论何时都要及时补充自己的知识体系与人文素养体系。但是，尽管教育界在大力提倡素质教育，不少教师的人文素养水平一直都没有提高，这导致他们也无法提高学生的人文素养。

大学英语教师需要具备的素养有不少，不仅要具备教育、社会层面的素养，还要具备文化以及美学等层面的素养，也就是要保证文化素养的多样性与全面性。教师人文素养修炼将促进自身人文知识的积累，同时也能进一步提升教师的人文素质水平，其所掌握的各种人文知识就是其开展英语跨文化交际教学的基础。

3. 提高现代教育信息技术运用能力

信息技术融入教学领域已经成为一个不争的事实，尤其是在英语教学领域，基于信息技术的翻转课堂、混合式教学等方法层出不穷，共同推动着英语教学的发展。可见，无论是在教学实践领域，还是在教学研究领域，所有人都意识到了信息技术在英语教学发展中的重要性。

通过上述分析可以知道，英语教学领域非常重视信息技术在英语教学中的运用问题。信息技术与英语课程整合是十分必要的，一旦整合成果，一方面，能够推动信息技术的应用研究发展；另一方面，能够促进英语教学获得新的发展。需要指出的是，这种整合不仅仅是一种技术与课程的单纯整合，所以英语教师在运用信息技术时一定不能偏离了重点，将信息技术的运用看作教学的重点，英语跨文化内容才是英语跨文化交际教学的重点。

随着教育信息化的形成与发展，中国各大高校也纷纷意识到了网络在教学中所发挥的积极作用，纷纷投入巨大的人力、物力改善教学环境，多媒体教室、网络教室不断涌现出来，这为信息技术与课程整合奠定了基础。不过，要想将信息资源较好地运用到英语教学中来还是要靠英语教师，所以英语教师需要掌握目前比较先进的信息技术，懂得如何利用信息技术实现资源的整合与运用。换言之，要想实现英语跨文化交际教学的有效性，教师就必须提高自己的信息素养。

4. 夯实语言知识与跨文化交际能力

（1）从语言层面上来看，教师要全面掌握各种语言知识，并能流利地将这些知识表达出来。

（2）从教学层面上来看，教师注意提高自己的文化教学管理。教师要通过英语文学作品、英语电影、与外国好友聊天等多种渠道了解西方国家的文化，不仅要了解西方国家的历史与地理等基础性文化，还要了解西方的价值观念与思维方式等更高层次的文化。只有教师全面掌握各种英语文化知识，才能将这些知识传授给学生，使学生的跨文化交际能力有所提高。

二、跨文化交际背景下的学生培养

（一）学生的跨文化交际意识培养

“人类的任何行动都需要接受意识的支配，人们开展跨文化交际活动也是如此，只有形成了一定的跨文化意识，清楚跨文化交际过程中的交际规则，才能保证交际的顺利进行。”①

跨文化交际意识指的是人们在跨文化交际过程中能够主动了解文化差异，并将文化差异在跨文化交际中体现与运用出来的一种意识。跨文化交际意识在跨文化交际过程中一般会发挥两方面的作用：第一，能对交际过程中的交际障碍进行有效处理；第二，能在较大程度上促进跨文化交际的顺利进行。

综上所述，可以发现，跨文化交际意识就是人们在交际过程中对自己本国文化以及异国文化在差异与共性上所展现的一种敏感度，它要求在交际过程中，交际者能够根据目的语文化来表达自己的观点，理解对方的观点。

1. 跨文化交际意识的培养目标

学生跨文化交际意识培养的目标应该包括以下内容：

（1）学生应具备能够获取其他国家文化知识的能力。

（2）学生对其他国家的文化有不错的文化理解能力。

（3）学生应能以客观的态度看待外国文化。

（4）学生应具备自觉学习外国语言与文化的能力。

（5）学生除了需要扎实掌握其他国家的文化知识，还应该具备一定的交际能力。

2. 跨文化交际意识的培养原则

（1）充分利用教材内容，将语言教学与跨文化意识培养有机结合。跨文化意识方面

① 许丽云，刘枫，尚利明.大学英语教学的跨文化交际视角研究与创新发展[M].北京：中国商务出版社，2020：32.

的内容虽然是比较抽象的，很难较为全面地将知识传授给学生。但是，在教学中向学生传授这方面的知识其实并不难，它能贯穿在语言教学的所有环节中。

例如，在饮食文化教学中，教师在课前可以根据自己需要的饮食文化在网上搜寻相关照片，然后在课上将照片展示给学生，同时向学生描述西方人的饮食取向与饮食习惯等饮食文化。为了让学生更清楚地了解中西方文化差异，教师还可以提供中国饮食文化的相关图片，让学生比较叉子与筷子的区别，中餐与西餐的区别，在比较中，学生将会更加了解中西方文化，同时也能不自觉地培养了自己的跨文化意识。

总而言之，学生跨文化意识的培养是可以在英语教学中实现的，不过，这给教师提出了比较高的要求，要求教师要有意识地挖掘教材中关于文化教学的内容，同时借助网络进一步拓展文化教学的内容，最好可以将内容与学生学习的实际结合起来，这样学生就会体会到跨文化学习的乐趣，同时也能更加乐于学习文化知识。

（2）跨文化意识培养要实现情境化。在培养学生跨文化意识的情景中，教师应该注意学生的切身感受，最好让学生可以直接参与培养活动。这时教师就可以采取情景化教学的方式，根据文化教学内容为学生创设相关情境，学生在情境中能够相对直观地认识到中西文化差异，也能在运用英语思维的过程中避免文化冲突，这种训练将会进一步提升其跨文化交际实践活动的有效性。

3. 跨文化交际意识的培养内容

跨文化交际意识一般包括以下内容：①敏锐的感觉程度；②科学的理解程度；③得体处理文化的能力；④自觉的文化整合性。

在跨文化交际过程中，交际者很容易受到自己母语思维的影响，尤其是对于没有进行过跨文化交际的交际者而言，他们因为并不具备跨文化交际意识，而最容易受到母语思维的影响。换言之，他们已经习惯自己的文化模式，会自觉地运用自己的文化思维与模式去理解其他文化，但是，这会干扰跨文化交际活动的进行。例如，有些交际者在交际过程中会存在一种文化优越感，他们总是认为自己的文化才是最优秀的，进而习惯轻视其他民族的文化，最终在跨文化交际过程中也只会形成一种基于自己文化的交际标准，然而跨文化交际是涉及多元文化的活动，一种交际标准显然是无法保证交际的顺利进行的。此外，交际者跨文化交际意识缺少的一个表现为文化模式，这类交际者通常已经形成了固定的文化模式，这导致他们在交际过程中总是先入为主地以自己的观念去理解对方的话语，这种文化模式导致交际变得非常生硬。

4. 跨文化交际意识的培养方法

学生跨文化意识的培养并不是特别容易实现的，教师与学生都不能心急，教师必须遵循循序渐进的教学规律，一步步地向学生输入文化知识，从而不断培养学生的跨文化意识。学生跨文化意识的具体培养可以从以下方面着手：

（1）旅游者心态。旅游者心态一般存在于学生跨文化意识培养的初级阶段，交际者习惯了自己的文化模式，在交际中也下意识地用自己的文化去观察与了解其他国家的文化，这导致其对其他国家的文化会流于表面，无法从深层次上认识这些异文化。在这一层次，交际者是非常容易受到文化偏见的影响的。

(2) 理性分析与愿意适应。当度过文化休克时期之后，交际者的跨文化意识相比以前会有大幅度的提升，由此带来的可喜的现象是双方的交际活动变得越来越频繁。因此，交际者就不得不接受新的文化环境，并尝试利用自己的理性思维对其进行合理、恰当的分析，这是一种好的转变，说明交际者已经从主观上开始接受新文化。

(3) 主动了解和自觉适应。主动了解和自觉适应是交际者跨文化意识培养的最高层次，需要交际者对新文化进行必要的了解，更重要的是，其要自觉适应新文化，对新文化中的文化内容做深层次探索。需要说明的是，这一层次上的改变也是交际者的主观行为。

（二）学生的跨文化交际能力培养

1. 跨文化交际能力的培养原则

学生学习英语的最终目的就是要提高自己用英语进行跨文化交际的能力，而这一能力提高的前提就是要加强自己的语言知识与非语言知识的积累。因此，在英语教学中，教师不仅要注重对学生进行语言知识的传授，强调学生的口语训练，还要向学生传授一定的文化知识，为学生创设文化学习环境，这样学生才能形成跨文化交际意识，才能最终培养自己的跨文化交际能力。培养学生的跨文化交际能力，应该遵循以下方面的原则：

(1) 实用性原则。实用性原则指的是教师在课堂上进行文化导入工作时，必须与学生生活、学习的实际相联系，对于那些能够影响学生跨文化交际的因素，教师要仔细分析，在教学中要提醒学生规避有些因素对学生跨文化交际所产生的消极影响，同时，教师要鼓励学生反复操练，把理论知识应用到实践中。因为跨文化交际本身就是一个实践过程，在英语教学中导入文化就必然也要加强英语实践教学，也就是要遵循实用性原则。

教师必须认识到这样一个问题，那些与学生所学习的知识有关联性的文化往往对学生有较大的吸引力。因此，教师在英语跨文化教学中，应该多选择与学生所学相关的文化知识，并组织一些实践活动，让学生在实践中检验所学，这样相对抽象的理论知识就会生动起来，同时还能在很大程度上激发学生学习英语语言与文化的积极性。对于能够直接影响信息准确传递的文化知识，英语教师要在课堂教学时认真传授给学生，也就是要将英语语言教学与文化教学有效结合起来，这样学生不仅能更加主动地学习英语语言与文化知识，而且也能更加清楚语言与文化之间存在的密切关系。

语言与文化联系紧密，从这个层面上而言，其实语言教学也可以是一种文化教学，这就要求教师要在实践教学中既重视语言知识输入，也要重视文化知识输入。

(2) 适合性原则。适合性原则是指学生的所有文化学习项目都应该始终保持与教材、教学内容与教学方法的联系。教材上的内容都是通过筛选以后留下的最为适合进行英语跨文化教学的资料，因此，必须与教材保持密切的联系。

为了更加适合当代学生的文化学习需求，在内容选择上不仅要选择西方经典文化，还要引入流行在西方当代社会上的文化。

在教学方法层面，适度性体现在要协调好教师讲解与学生自学之间的关系。教师在课堂上就一些文化问题对学生进行讲解，同时，还会鼓励学生在课下通过阅读了解西方文化知识，这样，通过课堂与课下的双重努力，学生就能较为全面地掌握西方文化知识。

(3) 持久性原则。在全球化进程的不断突进下，来自世界范围内的不同民族的人实现了友好的交流，跨文化交际已经成为人们生活的重要组成部分。虽然跨文化交际让人们认识到了不同的文化，但是在交际过程中人们也会面临一些问题，主要问题是他们都在努力使自己成为一个具有较高的跨文化交际能力的现代人，不过，实现这一目标较为不易。

教育是完成现代人上述目标的有效途径。所以，在英语教学中，教师要持续性地将一些西方文化导入到英语课堂上，即使在讲授英语语言知识时，教师也可以通过让学生比较英汉语言结构上的差异探究背后的文化差异，久而久之，学生就会不自觉地形成一种文化敏感性。文化敏感性的形成可以帮助学生在以后的跨文化交际过程中始终保持对异文化的敏感，进而不轻易对异文化进行评判，这能够有效避免不少在跨文化交际过程中的语言与文化失误问题。

总而言之，语言知识学习与文化知识学习是紧密相关的，语言知识学习是文学学习的基础；学生跨文化交际能力的培养也应该与英语听、说、读、写译教学结合起来，教师要充分利用恰当的教学方法将文化知识贯穿在教学之中，以保证学生可以时时刻刻学习文化知识，培养自己的跨文化交际能力。

2. 跨文化交际能力的培养内容

跨文化交际能力是一种综合性的能力，它主要包括以下能力：

(1) 言语交际能力。言语交际能力不仅包括交际者在交际过程中需要具备的语法知识，而且还包括其对词汇概念与文化意义的理解与运用的能力；不仅包括交际者在交际过程中使用语言的正确性，而且还包括其在特定场合使用的语言是否得体。在各种跨文化交际能力中，语言交际能力非常重要，它是整合交际能力系统的核心。如果交际者不懂得外语，也不了解语言基础知识或者不具备一定的交际素质，那么其就很有可能失去这一核心能力。

(2) 非言语交际能力。非言语交际手段与行为同样在人们跨文化交际中发挥重要作用，一方面，它可以对人们的言语交际行为提供一定的帮助与配合；另一方面，当人们在跨文化交际过程中遇到问题时，其还是一种不错的补救手段。通常而言，在跨文化交际过程中，人们总是会自觉关注自己的言语交际行为，会考虑自己的用语是否准确、得体，却也容易忽略非言语交际行为，这很容易导致交际过程中文化冲突情况的出现。

(3) 语言规则和交际规则的转化能力。语言规则很好理解，就是学生长期以来学习的语音、词汇、语法规则体系。交际规则指的是人们在跨文化交际过程中需要遵循的交往行为准则，也可以将其看作是在人们后天具备一定认知能力的前提下而形成的行为方式，这一准则能够对发生在跨文化交际过程中的一些交际行为予以指导，同时，它最显著的一个特点就是文化特性比较强。

交际不仅会受到语言规则的制约，也会受到交际规则的制约。交际规则与文化的关系密切，它根植于深厚的历史文化，因此，不同民族文化不同，也就会形成不同的交际规则。学生在学习跨文化交际技能时，不仅要学习语言规则如何转化，还要学习交际规则如何转化，而且后者相对来说更加重要。培养学生的跨文化交际能力，其实就是培养其两种规则的转化能力。

在跨文化交际过程中，交际者使用的语言是外语，当交际者语言不过关时还需要翻译，很明显，交际过程中充满着复杂的语言规则变化，需要交际者好好应对。但是与语言规则的转化相比，交际规则的转化更难，因为它需要解决文化层面上的问题：解决交际者在跨文化交际过程中的风俗习惯、思维方式以及价值观念等诸多差异问题。

（4）文化适应能力。我们不能单纯地将文化适应能力看作是身居国外的人在面对新的文化环境所展现出来的适应能力，而是要将人们身居所有异文化中在面对新的文化环境时所表现出来的所有适应能力都看作文化适应能力。当人们具备了这一能力时，其就可以在一定程度上克服文化休克，能对新文化有正确的认识，能客观看待新文化对自己思维方式、价值观念等的影响，并可以在尊重自己本民族文化的基础上做出恰当的改变，这样才能适应新文化，自己也才为新文化背景下成长起来的人所接受。此外，在跨文化交际过程中，人们还需要对交际过程中可能出现的由于文化差异所导致的干扰、冲突文化进行有效避免，这也是顺利进行跨文化交际的一个重要前提。

3. 跨文化交际能力的培养模式

（1）斯皮茨伯格的跨文化交际能力模式。在布赖恩·斯皮茨伯格看来，跨文化交际能力的模式是由三个系统组成的，分别为个人系统、情节系统和关系系统。

第一，个人系统是指那些个人所具有的能够促进跨文化交际有效进行的所有特征，这些内容不仅包括知识与技能，也包括动机。

第二，情节系统指的是在特定交际情境中，交际双方成功进行交际的特征。这一系统非常重要，它不仅对某一个特定的情节提供帮助，而且还对整个关系系统产生影响。

第三，关系系统是人们在跨文化交际过程中所呈现的各种关系。不仅有交际双方之间的关系，还有时间、地点等关系。

三个系统并不是各自独立的，它们彼此之间相互影响、相互促进。个人系统是情节系统的前提，将所有的情节系统整合起来就形成了关系系统。当交际者具备了不错的个人系统，其就有很大的机会在特定情节下顺利完成交际，倘若其能够在大多数特定情节下都能顺利完成交际，那么就可以说其已经具备了不错的关系系统。

（2）迈克尔·拜拉姆的跨文化交际能力模式。在迈克尔·拜拉姆对跨文化能力与跨文化交际能力进行了比较分析，认为二者之间是存在差异的。在他看来，二者在组成要素上就已经有了明显的差别，跨文化能力的组成要素为知识、态度和技能，而跨文化交际能力除了包括这些能力之外，还包括语言能力、社会语言能力和篇章能力。关于跨文化交际能力的培养问题，他认为可以在课堂上完成，也可以在实践活动中完成，甚至学生可以通过自主学习实现。如果在课堂上完成，就对英语教学提出了相对较高的要求，要求教师不仅要在课堂上教授学生英语语言知识、篇章知识，还要教授学生文化知识，这里的文化知识当然不只包括西方文化知识，还应包括中国文化知识。同时，还要帮助学生树立正确对待外国文化的态度，更重要的是，要帮助学生掌握一定的跨文化交际技能。

经过不懈的探索，总结教学、研究经验，迈克尔·拜拉姆提出了跨文化交际能力的理论模型，认为这一模型主要包括态度、知识、技能和文化批判意识四个部分。

态度是指怎样对待我文化与他文化在价值观念、信仰以及风俗习惯等层面上所表现出来的差异，一般认为，在进行跨文化交际的过程中，态度是非常重要的，它是人们进行跨文化交际的基础。因为受到地理、历史等不同因素的影响，英语学习者对西方国家的文化也会产生不同的看法，有些人很推崇西方文化，而有些人则比较轻视西方文化。这两种态度其实都是错误的，学习者应该以一种开放的心态去接触西方文化，在尊重本民族文化的基础上去接触西方文化，愿意与西方人进行语言与文化上的交流。这样学习者就走出了固执的困境，不再认为自己本民族的文化才是最优秀的，而是在中西方文化的比较中客观看待中西文化，这样才是跨文化交际成功必然要树立的正确的态度。

知识是指对自己本民族文化以及目的语国家的文化有清楚的了解，不仅包括对目的语国家风俗习惯、价值观念等的了解，而且还包括对国家的个体以及社会等的全面把握。这种了解可以具体体现为以下方面：了解两个国家在历史上与现在的交往情况，了解造成两国文化差异的具体原因，了解彼此的文化在对方国家的传播情况，等等。

技能是交际者在自身原有知识体系的基础上对外来事物以及文献进行理解并发现其内涵的一种能力。技能通常包括两部分的内容：第一，解读与联系的技能，就是交际者可以对对方的文化予以解读，同时还能将这些文化与自己本民族的文化相联系，以找出二者之间的差异与共性；第二，发现和交往的技能，能够将对方文化中的新知识挖掘出来，并可以利用这些新知识去解决交际过程中遇到的新问题。从本质上来看，对人们技能的培养其实就是对其文化敏感性的培养，而对文化敏感性的培养则是培养人们跨文化交际能力的基础。

在一定已经明确的标准框架之下对本民族与其他国家的文化进行甄别、评价就是文化批评意识。评价的内容极为丰富，不仅可以评价两国的文化习惯，而且还能评价两国的文化产物。

跨文化交际教育的主要任务之一就是要培养学习者的文化批判意识，只有具备了一定的文化批判意识与能力，其才能以更加开放、包容的心态看待其他国家的文化，也才能在具体交际中选择合适的交际方法。学习者文化批判意识形成的途径主要是教育，这里的教育不仅包括一般性的校内教育，而且还包括校外教育，同时，需要指出的是，校内教育并不仅仅局限在学校范围之内，它既包括课堂教育，也包括第二课堂教育。换言之，培养学习者的跨文化交际能力，需要让其置身于多元的教育环境中，这样其才能全方位地吸收语言文化知识。

4. 跨文化交际能力的培养环节

（1）跨文化交际能力培养的环节主要涉及师资、测试、教学方式等。在师资层面，要求外语教师不仅要具备较高的外语水平，还要求其要扎实掌握各种文化知识；在测试层面，应从交际的特点、目的等出发，建立一套相对比较完备的考试以及评价体系；在教学方式层面，应该摆脱传统教学的束缚，引入信息技术创新教学手段。

（2）高校所开展的跨文化教育工作是一项系统工程，培养学生的跨文化交际能力需要各方的通力合作，需要学校管理层、教师的共同努力。在管理层面方面，学校管理人员应该制定科学的管理制度，加强教师的文化素养培训，加强校园文化管理，从而保证跨文化教学的顺利实施。在教师方面，教师应该设置合理的课程目标，安排多样的教学内容，选择恰当的教学方法，能够将跨文化教学的理念贯穿在教学的所有环节中。

5. 跨文化交际能力的培养路径

（1）建立开放、宽容、尊重的文化态度。每一个参与跨文化交际的中国人，其都是中国形象的代表，其在跨文化交际过程中所展现出来的中国人的行为准则直接影响着外国人对中国人以及中国文化的看法。

中国经济飞速发展，中国与世界其他文化也交流频繁，这就让中国学生在进行跨文化交际的过程中面临着如何看待中国文化与西方文化的问题。中国学生应该以一种开放的心态看待中西方文化，尊重中西方文化之间存在的差异。中国学生只有拥有这样积极的态度，才能在跨文化交际过程中赢得别人的尊重，中国文化也才能在世界范围内获得传播。世界上所有的文化都有自己特有的优势，对于西方文化，中国学生要注意学习其精华部分，大学生在学习英语的过程中，必须以虚心的态度、包容的态度面对它。

（2）明确学习目标，培养人文素养。在英语跨文化交际教学中，获取工具性与人文性知识是基本，目的是要培养学生的人文素养，提高其跨文化交际能力。因此，不仅教师要明确英语跨文化教学的目标，学生也要对自己的英语学习有更深层次的理解，也就是要更加重视西方文化知识的学习。学生要在充分理解英语教学总体目标与具体目标的基础上，自觉了解西方文化背景知识，自觉养成在英语语言知识学习过程中学习西方文化的习惯。

（3）要激发自己的学习动机。影响第二语言学习的因素有很多，有客观因素，也有主观因素，其中，学习动机是主观因素中比较受人关注的一个方面。无论是研究者，还是教师，都一致认为动机是促进学生外语学习成功的关键因素。因此，教师在英语教学中应该意识到这一问题，主动采取一切手段激发学生的学习动机。

学习动机可以分为两种：一种是工具性动机，学生基于学分、文凭等实际的目的所产生的动机就是工具性动机；另一种是融合性动机，学生基于对目的语语言以及国家的喜爱所产生的动机就是融合性动机，具有融合性动机的人特别希望自己可以融入目的语国家的社会，特别希望自己可以与目的语国家的人们进行深层次的文化融合。

与工具性动机相比，融合性动机更加有利于学生第二语言的学习，这是因为融合性动机产生的前提就是学习者对目的语以及其背后的文化有兴趣，这就能激发其学习目的语的兴趣，同时也能使其在学习过程中付出更多的努力，这就要求教师在英语教学中要不断激发学生的融合性动机，让其可以自觉学习西方文化。

(4) 掌握学习策略，善用学习方法。学习策略是学习者在学习活动中所使用的能够促进自己学习活动发展的方法与技巧。而且，学习策略与学习效率之间也有着密切的关系，学生只有掌握了科学的学习策略，其学习效率才能真正有所提高。此外，学生的学习活动并不是一种被动式的活动，它具有主动性，要求学生要自觉进行学习活动，形成良好的学习习惯。

在这个知识量不断增加、知识更新速度不断加快的时代，学生学会使用学习方法要比学习知识更加重要。因此，教师也应该明白这一点，在教学过程中，有意识地对学生的学习活动进行引导，一旦发现学生出现了学习方法不当问题时，应该及时告知学生，与学生一起找到适合学生学习的学习方法。

(5) 扩展知识经验。过去，英语知识的获取手段比较有限，因为教材上的知识就是英语知识体系的大部分内容，甚至是全部。但是随着学生学习需求的不断增加，教材所提供的知识越来越无法满足学生的需求，尤其是学生跨文化的需求，这是教材无法真正满足学生的部分之一。

大学英语跨文化教学不仅要求学生要积累丰富的语言知识，还要能积累丰富的文化知识。因此，教师可以鼓励学生在课下多阅读一些西方经典文学作品或者多观看一些英语电影，这样，学生就能相对直观地认识与了解西方文化，从而也能进一步丰富自己的知识经验体系。

(6) 加强民族文化认同。人们早已经习惯自己所处的社会环境与文化环境，因此他们一般情况下是不对自己的文化环境进行观察的。在英语教学中引入西方文化，能让学生在学习英语的过程中跳脱出中国文化的框架，从而使英语学习更加科学。跨文化交际知识是学生英语学习的重要组成部分，只有学习这类知识，学生才能更加清楚地了解西方文化与中国文化，中国文化在跨文化交际教学中的作用一直都是被忽视的，鉴于此，教师必须多在英语课堂上融入中国文化，逐步加强学生对中国文化的认同，这样学生才能在中西文化对比中不断培养自己的跨文化交际能力。此外，学习中国文化还能进一步减少学生在跨文化交际中的交际失误。

第二节　跨文化交际背景下英语翻转课堂教学实践

一、跨文化交际背景下英语翻转课堂的认知

翻转课堂指的是把教师自己所讲授的课程的教学内容和计划等作为根据，非常细心地制作微视频，这样不论是在家里还是在其他的环境中，学生都可以使用教师制作的微视频开展自主性的学习，到了课堂以后，学生可以与教师进行面对面的交流，是对学习中遇到的问题或者是课堂作业中遇到的问题进行较为有效解读的教学方法。

传统意义上的教学模式就是在课堂上，学生听教师讲课，课下，积极完成这一课程的作业的模式，翻转课堂和传统意义上的教学模式是完全不一样的。在翻转课堂中，学生先自己学习，然后教师再讲授，这样的学习具有一定的自主性、个性化，是一种新型的教学模式，和传统意义上的教学相比较，这样的教学模式可以使学习质量得以提高，使学生的学习效果更好。然而，翻转课堂和传统意义上的在线视频学习又不是一样的，因为翻转课堂既需要学生在课前对微视频进行有效的自主学习，还需要教师和学生之间进行面对面的交流，并不是说微视频已经完全代替了教师的课堂讲授，也不是说学生可以随意地进行学习，更不是让学生孤立地进行学习。翻转课堂是一种新型的教学手段，其可以增加师生之间的互动交流，让学生对自己的学习负责，教师是学生学习的引导者。翻转课堂采用直接讲授和建构主义相结合的模式，当学生不能出现在课堂上的时候也能跟上学习的节拍，学生可以随时查看课程，发现其中的不足之处，从而调动学习的积极性。翻转课堂具有以下特点：

第一，教学的视频比较短小和精悍。不论是哪一种教学视频，其都具有比较短小的特点，当然，也是非常精简的。相对而言，大多数视频的时间并不是很长，一般都是几分钟而已，即便是稍微长一点的视频，也只有十多分钟的时间。不一样的视频针对的问题是不一样的，在进行查找的时候也是比较方便的；视频的时间和学生的注意力的集中时间差不多，这一点是和学生的身心发展特征相符合的；在网上发布的视频，可以暂停，也可以回放，功能非常齐全，学生自己可以随时学习。

第二，教学的信息非常清晰和明确。传统意义上的教学视频经常会出现教师的头像和教室中各种各样的物品，这些都会对学生的注意力产生一定的影响，尤其是当学生自己进行学习的时候。翻转课堂对此进行了改善，录像中没有什么干扰性的因素，采用一个教师对一个学生的方式。

第三，重新建构学习流程。翻转课堂最为明显的标志就是教学的流程被颠倒了。一般而言，学生开展学习的过程主要包括两个阶段：一个阶段是对信息进行传递，这一阶段是

借助于教师和学生、学生和学生之间的互动来实现的；第二个阶段是对信息进行吸收和内化，这一阶段是课程结束以后学生自己完成的。因为在吸收和内化信息的阶段，学生并不能及时寻求教师和同学的帮助，故而这个阶段就会产生一定的挫败感。翻转课堂对学生学习的过程进行了重新解构。在翻转课堂中，对信息的传递是在上课之前进行的，教师既需要为学生提供学习的视频，还需要提供在线的辅导；对知识进行吸收和内化的阶段主要是在课堂上进行的，教师提前对学生的困难进行了解，上课的时候对学生进行较为有效的指导，学生和学生之间也能进行交流，这样对知识的内化和吸收更为有利。

第四，对教师和学生的角色进行了重新定位。教学流程的转变、信息技术和教育较为有效的融合，这些都对教师和学生之间角色的变化产生了一定的影响。学生是学习的主体，教师是学习的设计人员和推动人员。即便是这样，并不代表教师的作用就会变小，与此相反的是，教师对翻转课堂具有决定性的作用。

第五，越来越依赖于信息技术。在课下进行学习的时候，如果离开了信息技术的支持，学生就很难获取教师的帮助，学习的效果也是很不理想的。不论是教学的课件还是教学的视频，都需要借助于信息技术来把知识传递给学生。在上课之前，教师也需要借助于信息技术对学生的学习情况进行一定的检测。这样的话，教师就需要不断地对信息技术方面的知识进行学习，还要不断提升自身的操作能力。

第六，进行复习检测的时候比较方便和快捷。当学生对教学视频进行观看之后，要想知道学生对学习内容了解的情况，我们可以利用视频后面的几个小问题对学生的学习情况进行检测，让学生对自身的学习情况有所了解。在回答问题的时候，如果学生发现回答的并不是很好，其还可以再看一遍视频，看看哪里回答得不是很好。学生回答问题的情况能够通过云平台进行整理，教师可以对学生的学习情况进行了解。教学视频可以让学生在学习了一段时间以后还能对知识进行复习。因为评价比较迅速，可以为学生的学习提供比较充实的资料，这样可以方便教师更好地对学生进行了解。

二、跨文化交际背景下翻转课堂教学模式发展

"随着当今社会对能够参与国际事务，进行国际交流的人才需求不断加大，跨文化交际能力培养在高等教育中的重要性日渐凸显。然而受制于诸多问题，跨文化交际课程教学的开展困难重重，翻转课堂教学模式的引入为问题的解决提供了出路。"①

现代信息技术不断发展，翻转课堂教学的发展也是非常快的，这样的教学模式是对教育的未来的一种预见。所谓的翻转课堂指的就是，在新媒体的环境下，相关课程的教师把学习的相关视频提供给学生，在上课之前，学生对学习视频进行观看和学习，教师和学生在课堂上对作业的疑问进行解答，还要进行一定的互动和交流，就是这样的一种新型的教学模式。这样的教学模式和高等院校的英语教学所倡导的自主学习模式是相一致的，其促进了英语教学改革的发展。在跨文化教育中，高等院校的英语教学是比较靠前的，我们需要知道怎样才能借助翻转课堂来实现英语的跨文化教学。通过实行翻转课堂教学，培养学

① 马瑞贤.大学英语跨文化交际教学中的翻转课堂教学模式研究[J].教育现代化，2019，6（63）:24.

生自主学习意识，自行获取文化知识信息，在课堂上为学生提供交流机会以及模拟互动环境，确保跨文化交际课程的有效实施。

（一）在跨文化交际英语教学中采用翻转课堂的意义

1. 翻转课堂在跨文化交际英语教学中的必要性

我们要想开展跨文化英语教学，首先需要做的就是对学生的自主学习能力进行培养，学生自己的主观性的认识和自身的感受对英语交际能力和跨文化交际能力具有非常重要的影响，只有不断提高自身的自主学习能力才能促进跨文化教育活动的开展。受到现代信息技术的影响，翻转课堂中，对知识进行传递的过程主要是在课下进行的，在课下的时候，学生可以根据自己的情况学习教师的资料，自主安排自己的知识学习进度。与此同时，学生还可以为学习跨文化英语做好较为充分的准备。这样的教学模式可以让学生不至于因为自身的基础参差不齐而产生自卑或者是过于自负的情绪，当学生把各种各样的语言认知上的障碍排除以后，其就可以在课堂上非常流畅地进行交流和思考了。如果学生变得更为积极主动，那么，其也就会更加自信，也就能更加积极地参与英语的跨文化教学。

跨文化英语教学，既包括一些基础性的语言知识，也包括培养人的社会人文素养。大学阶段的学生，因为其在之前的教育阶段已经具备了一定的语言能力，故而应重点培养其人文素养。但是，因为上课的时间非常有限，跨文化英语教学并不能有效地开展。传统意义上的高等院校的英语教学中，因为时间并不是很充分，关注的重点还是语言教学。实际上，知识的讲授是可以单向学习的，但是，素养和思维能力的学习是需要一定的参与、体验和反思能力的。翻转课堂的教学模式中，传授知识主要是在课堂之外进行的，在课堂上，教师主要是对活动进行组织，对学生进行指导，回答学生的疑难问题，还要积极引导学生对所学的知识进行消化和吸收，积极进行交流和探究。翻转课堂教学模式对课堂资源的分配具有积极的作用，可以促进跨文化英语教学的有效开展。跨文化英语教学既需要对一些基本的语言知识进行评价，还需要对一些比较复杂的知识进行测试。翻转课堂对学生的学习成果进行了多角度、全方位的评价，既包括上课之前的网络平台的自己对自己的测评，也包括上课期间的小组内的评价、教师对学生的评价等，这些都是对传统意义上的教学考试评价的补充。

2. 翻转课堂在跨文化交际英语教学中的可行性

受到信息技术发展的影响，翻转课堂是跨文化英语教学发展必然的态势，高等院校的英语教学需要对信息化教学的模式进行较为有效的探索。现代化的信息技术的发展，促进了学生自主的学习发展，使得学生和学生之间、教师和学生之间的交流变得畅通。高等院校更容易实现翻转课堂的教学，因为大学课程安排得并不是很集中，大学生的时间更为充分，也更为灵活，这样的话，大学生就可以在课下对一部分内容进行预习。还有就是，和中小学生相比较，大学生的自制力和行动力更强，其也就具有更强的网络技术操作能力，对于其个性化自主学习的完成具有更好的促进作用。

（二）跨文化交际英语翻转课堂教学的具体目的

交际英语的教学目的旨在教会学生正确得体地使用英语语言行为和非语言行为进行跨文化交际。在教学过程中，不仅要注意学生的语音、语法、词汇等，更要重视让学生了解英语的文化背景、使用规范和沟通习惯等。在交际英语教学过程中，应用翻转课堂的形式弥补了授课时间不充足、学生演练时间少的缺憾。利用翻转课堂的特点，学生成为知识传播过程中的主体，通过课下的自主学习、课上充分的自主交流和讨论，能更好地掌握交际英语的相关知识，获得更多实际经验，从而达到英语交流无障碍的最终目标。

（三）翻转课堂在英语跨文化交际教学中的应用

因为翻转课堂教学模式比较重视把课堂内和课堂外有效地结合起来，还要求学生把自主性学习和课堂上的展示有效地结合起来，在上课之前，教师需要准备好比较充分的教学资源，既包括微课、慕课，也包括一些网络语言的相关视频和音频。跨文化交际的课程既包括语言基础知识，也包括历史、艺术、人文等各种各样的方面，不少语言素材都可以借助于新闻、电影等方式得到。教学过程要想比较完整和准确，在跨文化交际教学中，翻转课堂教学模式应该涵盖以下方面:

第一，学习单。学生需要一步一步和自主学习的模式相适应，要想达到这样的目的，教师就需要依据教学的内容来设计让学生参考的学习单，这样的话，学生就可以根据教学大纲和教学的目的开展自主性的学习。学习单既包括本单元涵盖的教学内容，还包括学生需要提前完成的自学的内容、语言资料的目录等，让学生了解自己知道什么、想学什么、发现了什么，从而促进教学活动的开展。

第二，在课外进行自主学习。教师首先需要对教学的内容进行分解，学习内容的分解并不是随意的，而是有一定的要求和规律的，其依据就是学习内容的阶段性和模块性，以此形成一定的学习目标，当完成这些以后，教师就可以把自己制作好的微课视频上传到网络上，学生可以学习此视频，以此为一定的指导，然后根据自己的学习情况制订相应的计划。学生可以在学校的网络平台上进行自主性的学习，也可以在自己的家里开展学习。在选择学习的内容的时候，学生需要根据自身的语言水平和各种知识的积累情况进行选择，既能和自身的实际需要相符合，还能对新知识进行吸收，把新知识转化为自己的知识，进而和别人进行有效的沟通和交流，使用目标性的语言进行交际。

第三，在课内进行展示和谈论。首先，学生自己开展学习，当其自己学习了一定的内容以后，教师就需要对传统意义上的课堂进行一定的翻转，传统意义的课堂上，教师对课程进行讲授，学生被动地听讲，并接受教师讲授的内容，反转之后的课堂是，教师对学生进行一定的指导，学生成为学习的主体，其还要把自己学习的内容展现出来，就是这样的一种课堂模式。在这样的课堂模式中，学生不再是被动的学习人员，而是主动进行学习的人，教师不再是课堂学习的主体，而是对学生进行一定辅导作用的人员。课堂教学的内容和形式不应该是单一化的，而应该是多元化的，这样的话，学生可以自己把语言学习和知识积累的成果展现出来，还能对西方国家的文化知识有所了解，学生之间进行交流和沟通，积极开展各种各样的课堂对话活动。

第四，评价体系。和传统意义上的教学模式相比较，翻转课堂的教学模式是不一样的；和普通的语言知识课程相比较，跨文化交际课程也是不一样的。对翻转课堂的实施并不是随意的，而是需要一定的条件。首先，翻转课堂的实施需要很多资源，不论是慕课资源，还是微课资源，都是必不可少的，除此之外，翻转课堂学习中的学生还必须具有较强的自主学习的能力。跨文化交际课程涵盖的内容非常丰富，其除了需要对语言知识进行传递以外，还需要学习在文化知识不断积累基础上的文化交际。

在进行教学的时候，我们要对翻转课堂教学模式和跨文化交际课程进行有效的结合，学生要在平时积极积累文化知识，并且把自己所学到的知识展现出来，进行一定的交流和互动。当然，无论是对学生的自主学习的过程，还是学习的效果，我们都需要进行一定的评价，这就需要建立一定的评价体系。

实际上，评价体系就是指对学生的自主学习的过程等开展较为有效的测试，以便让教师和学生能够了解自主学习的情况，还能培养学生的自觉性，让学生自己养成较好的学习习惯。通过评价体系的建立，教师可以对学生在自主学习的过程中遇到的问题进行有效的了解，从而指导其后来的教学设计。

第三节　跨文化交际背景下英语微课与慕课教学实践

一、跨文化交际背景下英语微课教学实践

（一）跨文化交际背景下微课认知

把“微型视频网络课程”进行简化，称为“微课”，最早的时候，就是一分钟演讲或者是 60 秒课程。戴维·彭罗斯是第一个把这个概念应用于教学的人。把教学的目标和教学的内容进行有效的结合，这样的话，人们就会产生一种比较集中的学习体验。微课的教学内容是在线学习，通常而言，一般在 1 ～ 3 分钟的时间，把一些概念和活动放在非常突出的位置，积极引导学生对网络进行有效的利用，从而建构属于自己的知识。

单纯从微课的表面的含义进行分析，可以把微课的定义化为三种：第一种是站在“课”的角度进行分析，把微课看成一种比较简短的教学活动；第二种是站在课程的角度进行分析，既包括课程计划，也包括课程目标、内容、资源等，所谓的课程目标实际上就是指的微教案，所谓的课程内容实际上就是指的各个学科的知识点，所谓的课程资源实际

上就是指的微课、微练习等；第三种是站在教学资源的角度进行分析的，如教学视频等。即便是每个人的定义是不一样的，但是，其都有一样的内涵，那就是课程的目标都是比较简单一致的，课程的内容都是比较少的，课程的时间也比较短，把微视频当作载体。现在的各种比赛中的微课都和以上这些特点基本差不多，本质上就是展现和教学相关的视频。例如，视频并没有被使用，也就是没有学习的人使用的话，我们还是不能把这样的视频叫作微课。

微课是一种比较新颖的教学资源，其对传统意义上的课堂学习具有一定的补充。微课的应用越来越广泛。

1. 微课的特点

微课主要是针对传统教学资源的局限性提出的一种新的学习方式，其主要特点用八个字概括：精美、简洁、具体、生动。具体而言包括以下方面：

（1）主题非常明确。微课有其自身的作用，那就是对传统意义上的课堂教学中所出现的问题进行较为有效的解决，例如，知识点过于冗杂，重点和难点并没有很清晰的界限，教学的目标过多，等等。在对微课进行制作的时候，其知识点都是最为关键的，非常精练简明，教学的目标也是非常精确的。只有明确了微课的教学目标，才能让学生更好地理解学习的内容。

（2）既多样化又具有一定的真实性。微课的资源要多种多样，只有微课资源多种多样，教学才能更加具有色彩。不论是教师还是学生，其都可以因为微课资源的丰富多彩而获益匪浅。学生可以借助于微视频开展学习，还能对所学的知识进行巩固和提升，微反馈可以对学习的情况进行一定的评价，逐渐提起学生学习的兴趣。教师借助于多种多样的微课资源可以不断提升自己教学的能力，最终促进教学效果的改善。所谓的真实性主要指的是现场情境具有一定的真实性。微课的设计要在一个真实的场景中体现出来，还要和详细的教学内容进行有效的结合。只有把真实情景和实实在在的生活有效结合起来，才能把微课教学的情境性展现出来。

（3）灵活而快捷。传统意义上的教学是有比较严格的时间规定的，但是，微课的时间比较灵活，换言之，微视频的时间并不是很长，这一点和学生的认知特点相适应。学习人员并没有很多的时间进行学习。微课资源非常小，携带起来也非常方便。所以，学习人员在学习微课的时候所消耗的时间比较少，也不用耗费太多的精力，这样的话，学习人员可以灵活地安排自己学习的时间，具有一定的人性化色彩。

（4）共享和相互交流。网络资源最为核心的理念就是共享。我们对微课的发展状况进行分析和解读，就会发现其优点非常多，内容丰富，携带非常方便，同时，教学资源可以实现共同分享。不只是这些优点，微课还让学生和教师进行较为便捷的互动和交流，当然，教师和教师、学生和学生之间也是可以进行有效的沟通和交流的，彼此相互借鉴和学习，不断进行反思。这一点和我们所倡导的教师学习共同体是一致的。

（5）实践生动。因为微课各种各样的优点，人们对微课的评价都是非常好的，对于一线教师来说更是如此。由于微课开发的主体是广大一线教师，加之微课开发的本身就是以学校的教学资源、教师的教学与学生的学习为基础的，因此，越来越多的学校通过微课这种新的学习方式进行探索研究，挖掘本校的微课建设，本身就具有很强的实践性。在实践的过程中，我们要对微课的表达方式给予高度的关注，不论是画面和主题，还是流程及其相应的互动方式，都要生动活泼。

2. 微课的优势

（1）在学生的学习过程中微课所展现出来的优势。

①可以把学生学习的兴趣激发出来。因为微视频是微课的最为主要的东西，其具有一定的趣味性和形象性，这有助于把学生学习的兴趣调动出来，学生就会变得积极主动，进而促进学习效率的提高，达到较好的学习目的。

②可以培养学生的自主学习能力。教师对学习的内容进行较为细致的研究，对重点和难点进行详细的划分，进而制作成微课，还要把微课上传到网络上，让学生自主开展学习，这样的学习方式可以对传统意义上的学习进行一定的补充。微课还是可以被保存下来的，当学生需要的时候可以随时查看，既能对知识进行巩固，还能让学生变得主动学习。

③对学生多样化的学习需要进行满足。因为视频可以随时随地进行观看，并且学生可以根据自己的需要对视频的播放进度进行调整，学习基础比较差、反应比较慢的学生可以看得慢一点，学习基础比较好、反应比较快的学生可以看得快一点。

（2）在教师专业发展中微课展现出来的优势。微课对传统意义上的教学方式进行了改革，以前的上课模式主要就是教师讲课、学生听课，这一点在微课中被打破了。

①知识具有一定的拓展性。在上课之前，教师要想对课程的内容进行扩展，其就需要查阅相关的资料，以此来对知识点进行扩充，这样知识点就会显得比较丰富。学生的眼界得到拓展，教学资源也丰富起来，教师的教学水平也得到不断提升。

②空间具有一定的随意性。传统意义上的教学主要是在教室中进行的，微课教学打破了地域的限制，只要有录像设备，教师可以在任何地方进行录制，当然，也可以使用电脑进行录制。

③在应用上具有广泛性。在进行说课的时候，微课能够提升教师的信息设计能力；在进行评课的时候，微课可以促进教师评价能力的提高；在进行交流的时候，微课可以加强教师之间的交流。

④角色的可换性。微课使教师从演员型的教师转变为导演型的点化学生智慧的导师。

⑤研究的科学性。制作微课，就是微研究的过程，教师在反复的教学过程中提升了自身的教学水平。

⑥反馈比较及时和迅速。在对微课进行录制的时候，他人可以随时随地对其教学进行评价，教师可以根据别人的评价来对自己的课程进行修改。和传统意义上的教学活动相比较，微课可以对教师的教学行为进行最大限度的改进。

3. 微课的功能

（1）微课可以使学生的个性化学习需求得到满足。我们针对学生来进行分析，因为每个学生的情况是不一样的，需要具体问题具体分析，微课恰好可以达到这样的要求，学生能够根据自身的需要选择学习的进度，既可以检查自己不足的地方，还能对已有的知识进行巩固，提高学习的效率。

①每个学生都有自己的学习进度，其可以自由安排。在学习知识的时候，学生完全可以根据自己的掌握情况，或者暂停，或者重播，或者倒退，或者快进。若学生把以前学习的内容忘记了，其可以再重新播放视频进行学习。

②在课堂上，教师可以根据学生的问题进行个性化的指导。当学生有疑问的时候，教师可以对其进行个性化的指导。当学生在做作业的时候，教师可以对平台进行查看，如有疑问，可以及时进行解答，这样一对一的指导非常具有个性化。当教师在为没有上课的学生进行补课的时候，只需要十几分钟的时间就可以把四十多分钟的时间的课程讲完，因为在这样一对一的讲课中，学生可以集中注意力，外界的干扰因素比较少，学习的效率也是比较高的。

（2）微课对传统意义上的教学与教研方式进行改革和创新，促进教师的专业成长。针对教师而言，微课有自身的优点，其学习的内容比较明确和简单，这样就能把很多时间节省下来；在教学的时候，教师可以把一些微课中的知识迁移到自己所讲授的课程中，从而不断提高自身的教学水平。

微课使得教师不再像传统意义上那样对知识进行讲解，而是让学生在课前观看微课视频，这样教师也就有了更多自己的时间。而且，微课对于新教师也是有所帮助的。刚刚当教师，其可以在自己零散的时间里积极学习微课，还可以求教于那些比较优秀的教师，从而不断解决自己面对的问题。新教师录制微课，实际上就是在进行试讲，这样就可以在录制中发现自己的问题，提前解决。

在录制微课的时候，教师可以反复听一下自己讲的课程，寻找其中的不足之处，然后做出改变和提升。在进行录制的时候，教师要做到语言流畅，这一点是教师非常需要注意的。当微课录制完成以后，教师要反复进行观看，发现问题，并给予有效的解决。

（二）自制微课在英语教学能力培养中的运用

1. 以跨文化交际能力培养为目的的微课制作与开发

当前，要将微课应用到高职学生的跨文化交际能力培养中，我们首先需要做的就是对微课进行开发，并且还要围绕对英语教学中跨文化交际能力进行一定的培养。

（1）在自己制作微课的时候，要明确目标是培养英语跨文化交际的能力，还要根据本来已经有的教材，积极选用和教材的内容相一致的文化元素，巧妙地将文化学习融入语言教学当中。作为教学的实施者，教师需要根据选定的相关文化元素，确定主题，收集相关网络视频，进行资源整合和精心设计，自制出能够充分调动学生学习积极性的微课，从而激活和启发学生对跨文化交际能力的认知。例如，在大学英语中，有一节内容是对西方国家的圣诞节进行解读，但是，我们要把中国的节日引荐给其他国家的人是很困难的。英语教师可以通过自制微课，培养学生的跨文化交际能力，让学生学会用英语介绍中国的传统节日。我们以中国传统节日的英文译名为选题，结合翻译的基本方法制作相关的微课。当学生在对微课进行了一定的学习之后，也就基本知道了各个传统节日的翻译方式了，在今后的跨文化交际中就不会因为无法向外国人用英文介绍中国传统节日而“苦恼”了。

(2) 培养英语跨文化交际能力的微课制作可以多采用对比方法，课程主题可以选用中西文化差异及其体现，全方位对比中西文化，让学生在充分了解西方文化的同时，也对我们自己的中国文化有更加深刻的理解。这样在跨文化交际活动中既能做到不触犯西方文化的禁忌，又能做到准确用英语传达出中国文化。例如，微课主题可以为“中西文化中时间观的差异”“中西方文化中邀请礼仪的差异”等。此外，要想借助微课提升学生的跨文化交际能力，教师首先要具备较强的跨文化交际意识与交际能力。英语教师在英语教学中占据重要地位，如果一个教师自身的跨文化交际意识较弱，就会直接对学生的跨文化交际能力培养产生消极影响。这就要求英语教师自觉主动地强化自己的跨文化交际意识，多方面提升自己的跨文化交际能力。

(3) 通过微课培养学生的跨文化交际能力，要求英语教师具有一定的微课设计与制作能力，英语教师自身的知识体系必须扎实完善，对新的教学理念与方法要有一定的接受能力与实施能力，还应积极参与教师专业化培训，掌握微课制作的相关技术，不断学习先进经验，提升自身的微课制作能力与微课实践教学能力。

2. 自制微课在跨文化交际能力培养中的应用实践

教师自制微课开展英语教学的步骤主要包括：第一，课前观看微课。在课前学生观看教师制作好的微课，认真学习课程知识内容，思考并完成教师布置的学习任务；第二，课中讨论微课。在课上，教师可以组织学生进行互动讨论，交流各自的看法观点，锻炼学生的跨文化交际能力；第三，课后阐释微课。在课后，学生可以在微课平台上发表自己对本课内容的深入理解，教师也可以与学生进行深入探讨，加深学生的记忆。下面以西方节日文化微课为例，对自制微课在跨文化交际能力培养中的应用进行说明。

在课前，英语教师可以提前向学生布置学习任务，让学生自主观看教师制作好的微课——“中国传统节日英文名知多少”“中国春节与西方圣诞节庆祝方式的差异”等，并且要求学生在观看之后思考两个问题，即如何用英语介绍自己最喜欢的中国传统节日；中西方的代表节日——春节与圣诞节有什么相似之处，又存在哪些方面的差异。

在课上，教师可以组织学习进行小组讨论，小组成员可以先内部交流，对之前教师布置的问题任务进行探讨，然后再由小组代表总结分享他们的学习讨论成果，在这个过程中其他同学也可以提出自己的问题。在所有小组代表汇报完毕之后，教师可以进行综合评价，同时可以借助一些经典案例加深学生对本节课知识内容的印象，例如播放包含中西方节日文化元素的视频、影视剧等。

在课后，学生可以根据课上的话题继续延伸讨论，分享自己对中国传统节日的理解，以及对其英文译名的认识，深入解析传统节日译名的内涵，对中国传统节日与西方传统节日的文化内涵进行对比探讨。

对英语微课教学进行课后反思可以发现，自制微课在培养提升学生的跨文化交际能力方面发挥了积极的作用，主要体现在以下方面：

（1）自制微课可以满足学生随时随地学习英语的需求，学生完全可以按照自己的学习进度与学习计划开展英语学习，还能充分利用自己的碎片时间，这极大地提高了英语学习的效率，开发了学生自主学习、独立思考的潜能。

（2）自制微课使英语教学的方法更加多样化，例如小组讨论学习与探究式学习就为英语课堂注入了许多活力，同时这种教学模式真正实现了以学生为中心的教学理念；案例分析教学可以加深学生对相关知识内容的记忆，使学生更加全面地了解跨文化交际，而不是只局限于某一个特定的知识点。这些新型的教学方法可以有效增强学生的跨文化交际意识与能力。

（3）自制微课英语教学的课后环节也发挥着重要作用，学生在课程结束之后的交流讨论可以反馈他们的学习成果，让教师对整体的学情有所把握，同时，这一过程还能够促进学生自主展开学习反思，锻炼学生的批判思考能力。

当前，网络已经深入人们生活、学习的各个角落，“互联网+”已然成为未来教学改革的趋势，微课作为现代信息化教学的重要组成部分，也应受到重视。高校英语教师要把握微课的特点与优势，摆脱传统教学观念的束缚，努力学习微课制作技术与微课设计，更新教学观念，不断增强自身的跨文化交际意识，借助自制微课达到培养学生跨文化交际能力的教学目的。

二、跨文化交际背景下英语慕课教学实践

（一）跨文化交际背景下英语慕课教学的认知

“慕课”由加拿大学者戴夫·科米尔和布赖恩·亚历山大第一次提出来，很快地，这个名称受到了教育界的广泛关注。“慕课”的英文名字是 MOOC。所谓的“M”指的是规模比较大的，表示参与的人数是比较多的，学习这门课程的人非常之多，甚至达到了数万人，在人数上并没有什么限制，但是，传统意义上的教学模式是根本做不到的。不论是课程还是学习的支持服务，规模都是比较大的，这样的话，教育就会更加的公平和开放。第一个“O”表示开放的意思，不论是国内还是国外的学习人员都可以对线上的课程进行免费的学习，线上的课程都是对外开放的，既不会受到地域的限制，也不会受到门槛的限制，因而，其对于教育的发展有积极的推动作用。第二个“O”指的是学习的在线，也就是 24 小时都在线，只要学习人员自己有时间，就可以积极参加学习，这样可以使得学习

人员对自己的学习时间进行较为充分的利用。“C”的意思就是Course，也就是课程，教师把自己精心制作的讲课的视频先传到网络上，学习人员有时间和精力的时候可以随时学习。不同的学习人员根据自己的学习情况可以对各种各样的教育资源进行选择，开展在线学习，进行互动交流，最终促进自身的全面发展。

慕课出现的时间并不是很长，当其出现的时候，其就快速地在教育领域应用起来，我们称之为在线课程开发的教学模式。概括而言，就是慕课促进了知识的传播，首先是由一个人或者是一个集体把视频制作出来，然后把制作出来的视频上传到网络上，世界各地的使用人员都可以对视频进行自主性的学习，当然，这既可以是免费的，也可以是收费的，这就是一种开放性的课程。慕课对以往的资源信息进行一定的整合，把学习管理系统和教育教学网络资源进行有效的融合，从而开发出新的课程。和传统意义上的电视等远程教育形式不一样，和公开课也是不一样的，慕课和网络基础上的软件也是有所不同的。在慕课的教学模式下，课堂教学和学生的学习进程等都可以在线上得以实现。慕课主要就是借助于互联网实现在线的网络视频观看，慕课的规模是非常大的，课程体系也是非常庞大。学生可以使用电脑来对慕课资源进行学习，而不再像传统意义上的教师和学生面对面进行交流。在慕课这个教育平台上，全世界的每个人都可以依据自己的兴趣爱好来学习，然后进行自由讨论。在慕课平台上，既有相应课程的资源，还有一些相关的资料，课堂上学不到的知识我们可以在慕课上学习。慕课是一个在线学习平台，这个学习平台上的学习资源都是免费的。我们需要借助于计算机来对慕课的教学资源进行制作，把各个模块整合在一起，这样才能实现资源的共享。

1. 慕课的特性与优势分析

（1）慕课的特性。

①精品化。到现在为止，比较出名的慕课网站主要有edX、Courser和Udacity，其中，edX是美国麻省理工大学创办的。中国大学慕课上的开放性的课程也都是各大名校的资源。这些课程大都是从事教育很多年的比较有经验的教师讲授的，语言比较简单，概括性比较强，内容非常丰富。然而，就现在高等院校的教师情况看来，大部分的教师都是比较年轻的，教学经验非常贫乏，教学的水平也是非常有限的，这些都不如著名院校的教授，故而，相比较普通的外语课堂教学，学生都比较喜欢学习慕课平台上的课程。慕课的内容都是比较精简的。每次课程的设计基本都在10到15分钟之间，把重点和难点都突出地表现出来，在课后，学生可以对自己的学习情况进行分析和思考，因为时间非常灵活，故而学习的效率也会得到提升。在以往的课堂教学中，学生的上课时间和上课地点都是非常固定的，不论是课程还是学校的活动都是非常之多的，在上课的时候，学生并不能保证完全最佳的状态，学习效果并不是很理想。

②交互性。不论是哪一堂慕课，其中都会有一定的检测系统，这个检测系统检测合格

以后，才能学习后面的内容。在慕课上，教师和教师、教师和学生、学生和学生之间都是可以进行交流的。

和微课一样，我们也要把慕课应用于翻转课堂之中。在大学英语教学改革中，我们要让慕课和翻转课堂进行较好的结合，让学生积极进行学习，成为学习的主体，还要培养学生对英语的应用能力，自主进行学习。慕课平台上的教学资源非常好，而且数量之大。慕课把互联网当作基础，促进了各种因素的有效融合。大学英语教学改革对慕课的各种优点进行充分的利用。大学英语的教学改革要根据自己的实际情况构建具有中国大学特色的教学模式——“慕课 + 翻转课堂”，并不能只是简单地对国外的慕课进行照搬照抄。在对慕课 + 翻转课堂教学模式进行开展的时候，我们需要注意以下这样几点：在上课之前，学生可以借助于慕课进行自主性学习；在上课的时候，学生之间或者是学生和老师之间可以进行交流互动，并且把学习的成果汇报出来，从而加深对知识的理解和掌握。要想对慕课进行有效实施，教师需要对慕课的优点和缺点进行较为科学的了解，还要把自己国家和进行教学的对象的特点进行深入的了解，对国外比较优质的资源进行引进，对教学活动中使用的比较有效的信息进行一定的鉴别，进而把“教”和“学”有效地统一起来，取得良好的教学效果。除了这些以外，教师不能再像以前那样站在讲台上机械地讲课，而是在线上进行有效的互动和交流，加深对学生的了解，针对性地设置相关的课程。

（2）慕课的优势。

①迎合了新一代学生的认知需求。现在的学生所生活的环境中到处都充斥着计算机和互联网，各种各样的数字化终端影响着学生的学习态度和认知行为。和传统教学模式下的学习方式不一样，信息技术下的学生更倾向于使用多媒体进行教学，主要是通过网络对信息进行搜索。慕课满足了现在学生的各种各样的要求，比较容易被大家所接受。

②对各种各样的教学资源进行引入，教学内容变得非常丰富。慕课这个平台上的资源是非常丰富的，既有电子资源，还有相互交流讨论的论坛，这些都可以对传统意义上的教学模式的不足之处进行弥补，对教学的内容进行丰富。

③对不同层次的学生的学习都是非常有帮助的。传统意义上的班级制的教学模式可以促进教学效率的提高，还能对人才的培养具有非常积极的作用。但是，在班级制下，同样的课程中，老师使用的教学模式、教材、进度和要求等都是一样的，并没有把学生个体的差异化考虑在内。在慕课平台上，接纳能力比较强的学生可以加快学习的进度，先学习后面的知识，对于接受能力比较差的学生，可以放慢学习的速度，反复学习自己不是很懂的知识，这样可以加深理解。

④终身学习逐渐得以实现。现在的社会，科学技术的发展非常迅速，知识更新也是非常快的，不论何人，其要想一直留在社会上，就需要和时代的发展潮流相适应，还要不断学习，促进自己的提升。借助于慕课，终身学习成为可能，不论什么人，其都可以打破时间和年龄的限制，获得自己想要的知识。

2. 基于慕课的英语教学模式创新

随着慕课模式在全国高等教育领域的深化普及，其强调自主学习为主的教学理念在潜移默化中改变着我国高校的教学方式。慕课热潮的来袭有助于推动高等教育的内涵式发展，为社会培养应用型复合人才。

（1）英语慕课教学模式的作用。相对于传统课堂教学模式和一般的网络课程，慕课主要具有以下作用：

首先，慕课带来广泛、优质、模态化的教育资源。慕课的显著特征主要表现在三个方面：①大规模、开放性。慕课打破了常规教育的人数、时间和地域限制，学生不必严格根据课程时间安排到特定的实地课堂中接受教师传授知识，既支持学生随时随地随身学习，又支持大批量学生同时段学习，从一定程度上有效激发学生的学习热情和兴趣，能够更加积极主动地投入学习中。②资源透明性。慕课课程的学习内容全凭学生爱好与需求自主选择，可以在特定时间段内完成学习过程、提交随堂作业、参与知识考核，而且一切的教学资源都是透明公开的，整个学习考核过程公平、公正，对所有学生一视同仁。③资源丰富性。慕课基于全球互联网平台搭建而成，汇聚世界范围内的各类优秀教学资源，信息庞大，内容丰富，学生简单注册账号以后，可以免费享用资源，足不出户就能享受到世界名师的指导。

慕课课程内容打破了传统学科限制，强调知识信息的综合性、实用性和普遍适用性，从各个领域的先进理论、实用性知识到各种生活健康常识等应有尽有。同时，有效实现各个高校之间的资源互通和互补，促进顶级高校资源向普通高校的共享流动，弥补我国高校资源分布不均的现状，更有利于人才综合素养的提高和高等教育的整体性发展。比如，普通高校可以通过注册北大慕课平台，获取其优秀的教学资源。慕课课程的大力开发，将极大改观现有教学观念和教学模式，极大地促进应用型高校的教学水平。

慕课课程的内容通常利用视频形式体现，由相关专业的教师团队经过反复斟酌、精心研究确立而成。大多数的视频主讲教师都是知名学校的顶尖教师，雄厚的师资力量确保了其课程内容设置更加合理，讲解质量更好，学生接受度更高。

慕课的课程设计有效利用模块形式，体现出各个课程的特色。把完整的知识体系按照内容分解成一批相对独立的小模块，让内容条理更加分明，且重点突出，并借助10分钟的视频，将其具体表现出来，有效集中学生的学习注意力，帮助学生更好地理解和记忆知识。

其次，慕课体现以学生为中心的教育理念。

第一，兼顾不同学习能力。传统课堂教学着重强调教师的“教”，教师按照统一的课程内容和进度要求一对多地进行知识的讲授和传输，这种“一刀切”的教学模式难以顾及每个学生的能力和需求。慕课则不同，学生可以自主选择与自身能力相符合的课程知识，自己安排学习计划和进程，还可以重复回放视频课程，反复学习知识难点和重点，进而提升学习效果。

第二，满足不同学习方式。慕课的学生用户可以利用特定的论坛、网站等平台，与教师和其他学生进行实时交流和互动，互帮互助，一起解决学习过程中遇到的困难和问题。同时，利用课程视频中的测试题、线上测试题、线下作业等方式检测学习效果，强化知识的理解和记忆；利用教材注释、虚拟实验室等辅助工具，随堂记录课程内容和学习心得，对需要做实验的课程进行在线模拟实验；利用教师、其他学生和自己的评价综合考虑学习结果，及时发现不足，有针对性地修改，从而不断提高学习效果。

第三，随时随地灵活选择。传统教学方式有严格的课程安排和时间、地点规定。慕课完全打破固化模式，课程时间比较灵活，且没有地域限制，学生可以根据自身需求自由规划学习时间，确保在相对良好的环境下完成学习。

（2）英语慕课教学模式的适用性。慕课的出现，有利于转变我国当下高等教育人才培养模式，所以在实践应用中要严格遵循适用性原则，充分结合不同高校的实际情况和不同学科的专业特点，有针对性地量身制定教学模式与应用方式。

①不同类型高校采取不同的慕课策略。综合性的研究型高校，不但要充分利用慕课提供的世界各地优秀教学资源，而且要自主创新和开发品牌课程参与慕课平台上，供别人学习交流。普通高校主要是学习和吸收慕课平台上的优秀资源，并将这些教学资源有效应用到自身教学工作中，提升整体教学质量，继而利用应用型高校的学科优势创新和开发部分专业实用性课程参与慕课平台中。

②慕课模式对不同学科课程的适用性不同。目前，慕课的某些设计还无法满足高校所有学科复杂的知识结构体系和特殊的思维能力要求，并不是对每个学科都适用。其对高校学科课程的适用性主要包括以下方面：

第一，理论课程。慕课网络课程有利于先进理论教学资源的共享和交流，从而有助于更好地优化理论课程设计，提升教学质量。但难以适用实践课程，因为实践课程对现场实验和调研等实地操作方面的要求较多，在实践中才能够更好地提升学生的专业技能。慕课虽然有在线模拟实验室功能，但学生无法真实地感受，教学效果往往会达不到好的效果。

第二，程序化的学科课程。慕课模式比较适合结构化知识的传授，要实现相对高层次、高难度的数理推理和逻辑思维能力培养等课程的效果较为困难。

第三，外语类和双语教学课程。因为当前慕课平台的授课用语基本上都是英语，中文只出现在极少部分课程的字幕中，有利于学生在获取专业知识的同时，接触和学习纯正的英语。但是，这种语言运用方式也在一定程度上限制了慕课其他课程在我国更广泛地推广和普及。

慕课优势明显，但也存在很多缺陷，需要全面、客观地认识和研究，有效借鉴和引用慕课的优势资源及课程设计等优点，尤其是正处于慕课筹建阶段的应用型高校更应如此。从慕课在我国及国外发达国家的实践应用结果来看，其对高等教育的教学模式和人才培养机制的改革确实有促进作用，但也不可过于夸大。各个高校要以慕课为契机，着力推广“线上＋线下”的混合式教学模式，促使学校和教师改变传统的教学观念，正确认识在线教育的优势和意义，从而更深刻地领会高等教育的发展方向。

应用型高校要从理论、技术、创新应用和可持续发展等体系入手，全面、系统、深入地推进混合教学改革；充分借鉴慕课经验，构建更加开放的教育体系，深刻理解和贯彻自身职能。慕课也有助于高校进一步利用现代信息、新媒体、互联网等高新技术平台，更加全面深入地优化整合“线上＋线下”教育模式，充分集聚和共享多方优势资源，更好地服务社会。应用型高校可借助慕课这一全球化资源平台，加强国际合作与交流，实施国际化协作办学策略，在互联网生态圈内不断深化高等教育改革，培养能力更强、综合素质更高的应用型人才。

(3) 英语慕课教学模式的创新构建。慕课与传统课堂教育优势互补、相辅相成。慕课拥有全球范围内丰富而优秀的教学资源和以学生自主学习为主的前沿教学理念，而传统课堂教学又具有慕课所不具备的有效监管、情感互动和实地操作等优势，所以将两者有机结合，才能更好地达到基于慕课推动教学改革的目的。在应用型高校中，最行之有效的结合方式是以慕课为主构建适合的“翻转课堂”教学模式，抑或开展“线上慕课＋线下实体课堂”的混合式教学模式。

“翻转课堂”的核心是“先学后教，以学定教”，即学生在课前独立完成对微视频课件等课堂内容的学习；课堂上，教师通过引导学生开展作业答疑、合作探究和互动交流等活动，加深对学习内容的理解和掌握。“混合式教学”是线上教学与实地课堂教学的结合，具体包括教学理论、资源、环境、方式等内容的混合。应用型高校要有效整合和利用慕课的优质教学资源，加强师生、生生之间的互动交流，将慕课全面、科学、深入地渗透到日常教学工作中，大力开展翻转课堂和混合式教学，构建“四位一体”的新型课程教学模式。

①课前设计阶段的构建。课前设计阶段涉及的主要工作是：教师研究和设计课程体系结构、教学大纲、具体的知识框架等；从众多慕课资源中筛选出适合的课程内容、自己制作教学微视频课件、准备其他预习资料和作业等；将准备的所有教学资料按照教学目标要求，分成必学和选学两部分布置给学生。以上准备是之后阶段顺利开展的前提保障，能够有效帮助学生高效率、高质量地完成学习任务。

课前设计阶段是基于慕课教学活动中不可或缺的一部分，具体原因表现在两个方面：第一，慕课课程缺乏系统性的知识体系，教师提前设计课程体系结构和知识框架，有助于学生对即将学习的内容有系统、全面的整体了解和把握，做到心中有数，避免形成“知识碎片”；第二，慕课课程资源丰富而冗杂，学生群体要想从庞大的信息中筛选出适合的学习内容，难度很大，而且每个学生的学习能力和需求各有不同，需要教师帮助学生提前选择合适的、优质的慕课课程，并根据学生的具体情况设计行之有效的学习策略，供学生选择使用，从而有效提升学习效率和质量。

②慕课学习阶段的构建。学生按照教师布置的课前学习任务和提供的学习资料，认真学习必学模块中的所有慕课视频课程等内容，再根据自身需求和能力，选择性地学习选学模块中的资料内容，并按照要求认真完成预习作业。通过该阶段的学习，学生可以较为全面地掌握课程知识内容，标记出难点问题。

慕课学习阶段属于课外学习范畴，对学习的时间、地点和进度要求相对自由，学生可以按照自身情况和需求自由安排学习进度。在慕课视频课程学习过程中遇到知识难点和听不懂的授课语言时，学生可多次重复回播或查阅相关资料，直至彻底理解。这种自控式、深层次的学习模式，能够为学生带来前所未有的个性化体验，有效提高自学能力和自控能力。这一阶段的学习是后面课堂互动阶段开展的基础和前提。

③课堂互动阶段的构建。课堂互动阶段是在慕课基础上开展的翻转课堂教学模式的核心内容，是“以学生为主体”课堂教学的生动体现。在课堂中，教师引导学生开展作业答疑、合作探究和互动交流等学习活动，帮助学生更好地“内化吸收”知识，将慕课学习阶段掌握的知识进一步加深理解和记忆，突破知识难点，把握知识重点，达到高质量学习的目的。在这一过程中，不同学科采用的课堂学习活动也不一样，例如，经管类课程偏向于问题讨论和案例分析等，外语类课程偏向于口语交流练习等，理工类课程偏向于现场实验和方案设计等。

课堂互动的主要形式有作业答疑、小组合作探究和学习成果评价交流等。作业答疑环节，教师会依据教学大纲及学生慕课学习阶段遇到的问题等，总结设计出具有代表性强、值得深入探讨的问题；然后从旁引导，协助学生完成解答，在这一过程中“化零为整”，帮助学生将知识融会贯通、深入理解。小组合作探究环节，教师将学生划分为若干个讨论小组，并给予一定问题、案例、场景等话题，让学生以小组为单位展开讨论和研究，然后利用出示研究报告、开展辩论比赛等形式，将研究结果展示出来。这种学习方式能够有效提高学生的互帮互助和团结协作意识，增进学生间的感情，提高人际交往能力，提升学习效果。

学习成果评价交流环节，通过教师点评、同学间互评、自我评价等形式检验慕课学习成果、知识掌握程度、小组讨论参与度、小组研究成果水平等。在这一过程中，学生可以全面深入地检验自己的知识掌握情况，从而有针对性地查漏补缺，不断夯实知识储备。

④实践拓展阶段的构建。高校将慕课与传统教学模式有机结合，开展“翻转课堂”和“混合式教学”的最终目的是帮助学生将学到的知识更好地运用到生活实践中，从而培养出对社会真正有用的应用型人才。实践拓展阶段是“四位一体”新型课程教学模式的重要组成部分，是课堂教学的延伸和拓展。该阶段主要采用的形式有学习 / 研究成果分享、知识 / 技能竞赛、社会实践体验等。成果分享主要是学生个人或团体将自己的学习感悟、研究成果等内容利用短视频、论文等形式上传到网络上供社会检验和学习。在这一知识创新和再创造过程中，学生能够不断加深对知识的理解，培养实践技能。学校和教师通过开展一系列的竞赛、实验、实践等活动，将活动的优秀成果计入学分、加入学时等形式，激励学生积极参与，从而在实践中不断提升知识应用技能和创新能力。例如，对于外语类课程，可开展英语演讲比赛、英语情景剧比赛、担任兼职翻译等实践活动。

综上所述，在实体课堂教学中引入慕课具有至关重要的积极作用：一是带来丰富优质、实用性强的教学资源，极大解决我国大部分高校优质资源短缺的问题，有效帮助应用型高校更好地发挥职能，实现应用型人才的培养目标；二是可以带来优秀的教学理念，即强调学生为本，引导学生自主学习，不断培养和提升自学能力。在这一先进理念指引下，加强构建引入慕课以后的新型教学模式，对有力推动应用型高校实现教学改革、培养出社会真正需要的应用型人才意义深远。

(4) 慕课与英语教学模式的改革发展。慕课教学实现了高水平大学教学资源受众的规模化和全球化，拓展了传统高等教育的知识传授链，同时慕课教学模式具有小视频配合相应的即时在线测试开展课程教学，模板化的课程结构易于工程化复制等独特优势，可以预测，慕课教育将为应用型高校整体办学水平、教学模式带来质的变化。

随着慕课的快速推进，给高校的课堂教学改革带来了新的机遇和挑战。要求管理者要搭建更高效的资源共享平台促进课堂教学。教师需要重建课堂教学理念，确立新的教学目标，重新组织课堂教学过程并更加注重过程化、多元化的考核方式。与此同时，教师要做好由同一化培养到个性化培养的转变，由课堂教学到多平台教学的转变，由单行灌输到多向互动的转变，由人工教学管理方式向智能化教学管理方式的转变。

①创建有效平台，强化资源共享。慕课是新近涌现出来的在线课程开发模式，发端于过去的发布资源、学习管理系统以及将学习管理系统与更多开放网络资源综合起来的旧有课程开发模式。慕课的定义决定了慕课的运作需要借助平台运行，而社会层面和学校层面两个平台很重要，两个平台的良好运作有助于促进优质教学资源在全社会范围内共享，有利于实现教学改革目标。

第一，搭建慕课平台。由于师资力量不同，普通高校和名校之间的差距越来越大。如何实现我国整体教育质量的提升是目前教育界的主要工作。开展慕课建设，推动课堂教学，可以实现区域高等教育水平的整体提升。搭建以慕课联盟为基础的学习平台，要摒弃以往资源共享会削弱自身教育实力的观念，在资源共享过程中不断增强教学优势的互补，以实现共建、共享的教育科学理念。

搭建学习平台，要做好平台搭建的铺垫工作。教学平台的搭建是区域高校共同的工作，不只是具有优质教学资源的高等院校责任，相关地方政府也应在教学资源共享方面给予支持和保障。教育平台的搭建还需要一定的技术支持，根据国家相关建设标准，采用现代信息技术，增强学习平台的功能性。高校最终还是需要回归到学分认证，需要平台规范统一教学内容和要求，有了教学基础才能公平认证。

丰富教学平台资源。高校相关教育工作者要不断研发自生资源，不断加快自主研发网络课程资源步伐，引进优质资源和自主开发优质资源同步进行。学生在选择上也有多种可能，自主研发课程资源更能有效地针对不同学生因材施教，需要各高校鼓励开发自主课程，尤其是高校中专业课知识性比较有针对性的课程，而公共课程和选修课等共性较多的课程相对而言更容易开发。

做好慕课平台保障工作。慕课平台的保障工作，根本问题是涉及利益分配、知识产权的保护以及相关问题，需要政府在中间平衡权益关系。通过政府委托第三方评估机构，保障慕课资源的公平和公正，做到对慕课平台的统筹管理。另外，政府要做的不是引导课程发布，而是保护竞争，做基础设施建设以及市场和社会无法做到的事。例如，慕课对传统高校、教师形成巨大的挑战，而政府的态度很关键。

第二，加强校内网络平台建设。从目前来看，在各级政府投入和高校自身争取下，各高校分别建立了属于本地区高校的慕课平台，但是内部网络建设水平仍有待提高。

实现网络在线教学平台和数字化对接。现在，各高校内部具有网络化的财务缴费系统、图书馆信息系统、教务管理系统、网络教学平台系统等，由于这些系统分属于不同管理部门负责，相应的技术标准和公开程度不尽相同，学校加强网络在线教学平台和校内数字化平台的衔接，可以避免师生重复身份验证工作，促进各部门之间工作的相互协调。校内网平台应及时和校园数字化平台对接，形成信息共享，避免反复混乱，在统一体系平台下，学生和教师在完成身份认证以后，可以完全享受资源的服务与便利。

当前教学平台应用范围还有待扩大。学校可以通过建设相应的教学平台激励政策，鼓励师生参与网络平台教学。此外，学校应加强相关宣传，宣传网络在线学习平台的优势和平台使用说明，同时为学生网络在线学习提供便捷条件。例如，电子信息阅览室、校园内部实现网络全覆盖等便捷的网络条件，可以为教师和学生提供便利的网络学习条件，是高校现在有条件也应该要达成的。

慕课平台的管理目前不尽如人意。应完善相关规章制度和管理办法，及时更新网络教学资源，做好网络教学平台管理的服务工作，保障网络信息安全。平台的管理需要完善的系统，新事物的出现总需要新的管理为其服务。完善相关制度和管理办法，可以保障慕课平台的规范性，及时更新网络教学资源，有助于保持师生的积极性，而没有更新的网络资源会打击教师上传教学视频的积极性和学生学习的趣味性。实时更新教学资源，能够有效保持慕课平台的正常运行，最关键的是保证网络信息的安全，设立网络巡视制度，坚决杜绝网络不良信息在校内资源的泛滥传播。

②加强过程评价，重视实际效果。随着教育改革的不断深化，各高校改革工作已取得一定成果。传统改革成果展现方式比较单一，展示方式一般为发表论文，或呈递研究成果报告。在慕课时代下，院校在课程改革过程中应注重评价方式的多样化。

第一，重构课堂教学目标。慕课背景下，学习由于可以不受时间、地点限制，学生通过网络在线学习平台提升自主学习能力，实现教学目标。传统的教学课堂只是单纯在课堂或者单一时间内把知识和技能教给学生，学生的长时记忆受到限制，不利于学生对知识和技能的消化。慕课背景下，翻转课堂成为可能，学生可以不受时间限制，课上不理解、吃不透的内容可以在线上反复学习，教师的互动交流也成为可能，反过来，学生在线上的学习也可以拿到课堂师生共同学习。

第二，重构课堂教学实施过程。课前预习、课堂讨论、课后深化成为慕课重构课堂的新模式。新的教学模式，需要教师备课，也需要与时俱进。学生成为课堂备课的主体，不同的学生、不同的在线状态都需要备课教师的思考，课堂的讨论需要教师准备充分的资料，课后的深化同样需要教师角色的转变。所以，网络教学是新事物，也是旧事物，无论课堂模式如何变化，最终需要学生学会学习。

第三，重构课堂教学评价模式。慕课背景下的课堂教学更加注重过程，教学过程是重点。学生的学不局限在几十分钟内，而是对知识的理解是否扎实，考察学生的理解需要更多元的方式，例如可以借助网络进行日常作业，或者网络研讨等。在新的教育教学方式背景下，教师应该在传统评价机制基础上融合创新，注重过程的评价，实现最终的学习成果。

③发挥慕课优势，推荐课堂教学。由于慕课解决了传统教学受时间、地点限制的问题，提升了学生的综合能力，教师要熟练掌握慕课的开发和管理，调整课堂教学知识结构，利用慕课资源。教学改革中要充分发挥慕课优势，实现教学方式的优势互补，促进教

学质量提升，实现应用型人才培养目标。慕课教学需要实现以下三个方面的转变：

第一，人才培养方式转变。传统课堂教学模式是以班级为整体进行教学内容传授，忽略学生基础和学习能力差别，难以调动部分学生的学习积极性。慕课背景下，教师需要尊重学生的差异性，增强教学内容的针对性，重视激发学生学习的主动性，由教师被动的教学变成学生充满兴趣主动地接受新的知识。相对于传统的教学方式，慕课教学更侧重于学生个性化需求。

第二，课程教学方式的转变。传统课程教学方式较为单一，师生之间缺乏交流，慕课打破了时空限制，师生可以通过博客、微信等实现知识交流，丰富教学方式。无论是传统课堂还是新方式的网络课堂，师生的交流都占有重要角色，没有交流的课堂不是成功的课堂，线上课堂可以帮助学生更好地向教师请教，避免学生不敢问而教师想说又没有人问的局面。

第三，教学管理方式的转变。慕课教学平台的创设实现了有纸化向无纸化、人工化向智能化教学管理方式的转变，教材、笔记、作业等以电子资料形式呈现，考试可通过网络在线进行，此种环境下，教师要不断提高自身计算机应用能力，并实时更新教育方式和观念，促进学生综合素质提高，而作为学校的管理者，也需要积极与社会接轨、与时俱进，选择更先进的教学理念，更新既有的传统观念。

④推进课堂改革，提升管理水平。教学管理者的角色应该由管理者向教学和课程服务转变。高校管理者应该充分发挥高校优质师资，为学生提供更加优质和差异性教学服务，同时为教师提供最便捷的网络应用服务。第一，利用学校互联网大数据对学生的进行差异性分析，为学生制定个性化教学方法，真正做到因人而异，因材施教，打破传统教育大锅饭、一锅端的壁垒；第二，多样化教学服务，充分利用互联网信息技术，通过学生端为学生提供更优质的教学服务、课题选择、教师选择、研究讨论等，通过个性化、差异化的算法服务，真正高效有序地推进教学改革。

传统课堂能容纳的学生有限，但慕课的学生却动辄上万人。在传统课堂教学模式中，大规模是极大的负担，但在慕课环境下，大规模却是一种教学资源。慕课的兴起是因为其有实体课堂没有的优势，如学习没有时空限制和门槛限制、没有班级人数限制、名师授课、以学生为中心的教学模式、科学的教学设计等。因此，慕课与实体课堂各有优势和不足，两者的结合是未来教育改革的方向。

（二）构建慕课背景下跨文化交际的教学模式

之所以开展英语教学，主要的目的就是对学生使用语言当作交流的工具进行一定的培养。因为信息技术不断发展，慕课平台的教学资源质量比较高，再加上管理体系比较严谨，互动平台和移动网络资源进行了较为有效的结合，这样的开发模式，引发了数字信息化时代教学模式革命性的变革，受到了广泛关注。大学英语教师可利用“慕课”教学平台的优势和特点改进教学模式。通过对这一新型教学模式的利用与研究，在这里，我们尝试把跨文化交际教学和慕课教学进行较为有效的结合，以此来对教学进行一定的辅助操作，真正实现以学生为中心的教学策略。这样不仅创新了教学模式，而且可以发挥学生自主学习的能动性，解决当前跨文化交际教学中存在的诸多问题。

1. 依据教学目标进行构建

就教学目标而言，跨文化交际能力的发展应明确作为英语教育的目标之一，在制定教学大纲时应有明确的文化学习项目。跨文化交际课程的教学目标主要体现在三个方面：第一，我们要知道文化怎样影响交际活动，产生影响的因素有哪些，对跨文化交际涵盖的基本的内容进行解读，还要知道交际活动本身所具有的丰富性还有复杂性；第二，还要让学生对跨文化交际的重要性进行了解，从而对跨文化意识进行培养，还要促进跨文化技能的提高；第三，逐步提高学生感知文化的不同之处的敏感度，不仅要积极进行反思，还要具有较强的包容性，以此来和不一样的想法的人进行交流。慕课对学生的跨文化交际能力的培养具有积极的推动作用。慕课使得学生在上课之前就可以进行自主性的学习，在上课的时候，可以进行较为有效的互动和协作，不断对知识进行内化，从而培养跨文化交际的能力。

2. 对教学资源进行开发

在选择教学视频的时候，我们要尽可能地对跨文化交际的语境进行一定的创建，在一些非常出名的慕课平台上，我们可以选用国内外比较有名的学校的比较专业性的慕课视频来供学生进行学习，教师也可以从各种各样的资源中进行选取，从而对教学的内容进行补充。我们要不断促进资源的利用率的提高，不论是教学视频的内容的复杂性还是其音频的效果等都会对学生的学习效果产生很大的影响。教师也要随着时代的发展不断补充知识，根据现实生活中存在的真实的例子创建一定的学习情境，积极引导学生对跨文化因素进行分析。

3. 课前进行知识的传递

当教师对视频的资源进行了一定的选择以后，学生就需要在上课之前对相关的视频进行一定的学习，还要借助于学习的反馈来对教师提出的相关问题进行有效的解答，这样一个环节是非常重要的，我们可以把其称为第一次知识内化。这个时候，学生以前的认知要和新的知识相互融合。在上课之前的知识传递的环节，学生就可以进入跨文化交际的语境中，并且在真正开始学习和上课前就对各种不同的文化的要素进行了解，形成自己的想法。教师可以根据学生的情况来对教学的内容进行一定的调整。

4. 精神设计课堂教学模式

当学生在上课之前对知识进行了一定的传递以后，接下来就需要进行交流和互动，还要进行小组展示，具体的步骤有三个：首先是对知识点进行掌握。教师根据知识传递环节的内容来把重点和难点表现出来，要积极帮助学生对知识点进行理解，还要对学生提出来的疑难问题进行及时的解答。其次是开展案例分析，还要进行课堂活动的有效开展。教师积极组织学生开展小组讨论，各个小组一般都是在 3 ～ 5 个人之间，各个小组之间可以相互打分，积极开展案例的分析，这样的沟通互动能够有效地促进课堂教学的有效开展。教师还可以设定跨文化交际的情景，使得学生在模拟中增强自身的跨文化交际能力。最后就是教师的反馈工作。当课程结束以后，教师需要对案例中的知识点进行总结，还要对学生进行一定的指导，以此来促进学生的批判性思维的养成，从而对跨文化交际中的各种各样的文化差异进行有效的应对，这就是第二次知识内化。

5. 建立完善的评估体系

借助于慕课平台来对学生学习的变化和各个小组的作业的完成情况进行分析，以此来判定学生的自主学习情况。在上课的时候，各个团队的展示和各个小组的评分都可以用来对小组的成绩进行断定。各个小组学习的积极性对个人的成绩的评定具有重要影响。有的学生可能会对小组有过多依赖，这样的话，就可以在单元结束以后借助于单元测试来检查每个人的学习情况。

跨文化交际的教学模式对慕课平台进行了较为充分的运用，还对信息技术进行了一定的整合，再把自主学习和互动学习有效地结合在一起，这样就可以对传统意义上的跨文化交际课程的教学的缺点进行一定的克服，把学生自身学习动力发挥出来，让学生对跨文化交流有更好的解读。在慕课学习中，不论是学生和学生，还是教师和学生，都可以进行有效的互动，学生的主体性得到增强，学生的跨文化交际能力得以培养。

参考文献

[1] 巫玮 . 大学英语跨文化交际教学现状及应对策略 [J]. 文教资料，2021（13）：233-235.

[2] 靳静波 . 跨文化交际视野下大学英语教学改革路径探究 [J]. 黑龙江工程学院学报，2020，34（6）：68-71.

[3] 梁瑞娜 . 跨文化交际法在大学英语教学中的运用及效果分析 [J]. 海外英语,2018(6)：16-17.

[4] 何明霞 . 略论跨文化交际的影响因素 [J]. 商业经济，2010（24）：19-20.

[5] 杜佳颖 . 大学英语教学中跨文化交际能力培养现状与策略研究 [J]. 海外英语，2022（6）：126-127.

[6] 陆境辉 . 论大学英语教学中跨文化交际能力的培养模式与方法 [J]. 海外英语，2012（12）：53-54.

[7] 王璐 . 大学英语交际教学模式浅谈 [J]. 西部素质教育，2017，3（22）：184.

[8] 钮敏 . 英语听力教学中学生跨文化交际能力的培养 [J]. 现代职业教育，2016（28）：182.

[9] 陈洁 . 跨文化交际视野下的大学英语阅读能力培养 [J]. 海外英语，2020（19）：112.

[10] 许丽云，刘枫，尚利明 . 大学英语教学的跨文化交际视角研究与创新发展 [M]. 北京：中国商务出版社，2020.

[11] 马瑞贤 . 大学英语跨文化交际教学中的翻转课堂教学模式研究 [J]. 教育现代化，2019，6（63）：24.

[12] 张殿恩，王蕴喆 ."大学英语慕课"建设思路与体系结构研究 [J]. 黑龙江高教研究，2016（3）：144-147.

[13] 谭竹修 . 多元文化教育视域下大学英语教学理论探索 [M]. 天津：天津科学技术出版社，2018.

[14] 张莹 . 大学英语听力教学中的跨文化意识培养 [J]. 林区教学，2017（10）：50-51.

[15] 陈媛媛 . 大学英语教学中跨文化交际能力的培养：从传播学的角度谈起 [J]. 徐州教育学院学报，2008，23（2）：115.

[16] 刘先林 . 基于跨文化交际的大学英语教学模式研究 [J]. 求知导刊，2019（10）：86.

[17] 张懿 . 论大学英语教学中"跨文化交际意识"的培养 [J]. 大家，2010（13）：358.

[18] 赵伟 . 大学英语教育中的跨文化交际能力培养策略 [J]. 黑龙江高教研究,2016(5)：142.

[19] 邓琳 . 大学英语跨文化交际教学中任务教学模式的应用 [J]. 文教资料,2019（27）：222.

[20] 刘重霄，李孟华，张潇潭 . 大学英语课堂教学模式的调查研究 [J]. 外语电化教学，2016（4）：15-19.

[21] 葛春萍，王守仁 . 跨文化交际能力培养与大学英语教学 [J]. 外语与外语教学，2016（2）：79-86+146.

[22] 刘泽华，申凯中 . 我国高校大学英语分级教学反思与对策 [J]. 中国大学教学，2015（12）：36-41+35.

[23] 廖白玲，林上洪 . 大学英语课程改革置议 [J]. 中国高教研究，2015（1）：96-101.

[24] 胡开宝，谢丽欣 . 我国大学英语教学的未来发展方向研究 [J]. 外语界，2014（3）：12-19+36.

[25] 孔德亮，栾述文 . 大学英语跨文化教学的模式构建：研究现状与理论思考 [J]. 外语界，2012（2）：17-26.

[26] 杨惠中 . 关于大学英语教学的几点思考 [J]. 外语教学与研究，2012，44（2）：293-297.

[27] 董涵 . 协作学习模式在大学英语跨文化交际教学中的应用与研究 [J]. 科技视界，2017（15）：66.

[28] 杨洁 . 大学英语口语教学中跨文化意识的培养 [J]. 文学教育（下），2017（2）：116.

[29] 钟雪文 . 大学英语口语教学中的跨文化交际能力培养模式研究 [J]. 智库时代，2018（28）：260+262.

[30] 杨娟 . 基于跨文化交际的大学英语听力教学研究 [J]. 湖北函授大学学报，2014，27（21）：157-158.

[31] 张红玲 . 跨文化外语教学 [M]. 上海：上海外语教育出版社，2007.

[32] 王珊，马玉红 . 大学英语教学的跨文化教育及教学模式研究 [M]. 武汉：武汉大学出版社，2018.

[33] 阮桂君 . 跨文化交际与实践 [M]. 武汉：武汉大学出版社，2017.

[34] 束定芳 . 大学英语教学与国际化人才培养 [J]. 外国语（上海外国语大学学报），2020，43（5）：8-20.

[35] 靳秀莹 . 大学英语教学“课程思政”实施策略探索 [J]. 牡丹江教育学院学报，2019（11）：61-63.

[36]洪常春.人工智能时代大学英语生态教学模式构建研究[J].外语电化教学,2018(6):29-34.

[37] 赵艳 . 跨文化交际与英语思维教学研究 [M]. 长春：吉林大学出版社，2017.

[38] 尚云鹤 . 大学英语教学中慕课资源的运用研究 [J]. 中国电化教育，2017（7）：125-130.

[39] 杨华，李莉文 . 融合跨文化能力与大学英语教学的行动研究 [J]. 外语与外语教学，2017（2）：9-17+146.

[40] 邓笛 . 翻转课堂模式在大学英语教学中的应用研究述评 [J]. 外语界，2016（4）：89-96.